出雲の神々に出会う旅

——能登・阿波、そして出雲見てある記

他国に出雲を求めて

憑《つ》かれたように、パジェロミニを疾駆させ母の介護の合間を縫って四国を巡ったのもついこの間のよう。

出雲空港から小松行きの便が三月末でなくなるその直前、春休みを最大限生かして、北陸へ飛び立ち、慣れぬオートマ車で能登半島を一周したのもこの間のよう。

何が、私をそうさせるのか。出雲国に生まれ住み、暮らして半世紀――神様の遺《のこ》された文献は、何を伝えようとしているのだろう、知りたい。

出雲の国を歩くだけでは、つかめない。身体が動き始め、他国に行き、イメージしていたシチュエーションに、現実に身をおいてみると、様々な視点、各種の情報をもとに、ふっと浮かびあがってくるものがある。これだ。これが、神の世界かもしれない。

古《いにし》えの人々は、こうして、私達に何かを伝えようとしているのだと、妙に納得する。神様は、船で旅をなさったんだ、もしかしたら、空から、それとも山の上から、あの丘に立ってごらんになったかしら……などと考えると、古事記の世界も、風土記の世界もぐっと広がって、身近になってくる。

出雲の神様は、しかも雲南市大東町海潮の神様は、四国の徳島県海南町のあの松林の八幡宮にいらした神様だったの。

とことこ、軽自動車を走らせて、一日十時間一人で運転して行ってしまう。ついでに四国三県の式内社を全部歩いてみよう、神が乗ってきたという海亀《うみがめ》の産卵《さんらん》の地の国民宿舎で泊ってみよう。

こうして、出雲国風土記の旅は、古事記も道づれに北陸へも、鳥取へも、山口へも兵庫へも全国各地にどんどん広がっていく。

そのつながりがおもしろい。こんな所で、出雲にゆかりのある神様にあえるんだ。――そんな本です。

そして、日常の世界にかえった時、何かしらの落ちつきと安心感を得て、出雲の国で周囲を見回すと、前と違った、広い、大きい、深い神域を味わえる気がする。

『出雲の神々に出会う旅――能登・阿波、そして出雲見てある記』とは、そんな神域を、北陸、四国、中国各地を旅して得た随想です。

お楽しみいただけたら、幸いです。

目次

第七章　神々はどこにも坐す　―道にも木にも温泉にも―……307

章扉挿絵　児玉　明子

第一章　海から望み見る神々の心

海から島根半島を見れば……

「海から島根半島を見たいと言ってましたよね」

初対面から二年ぶり、突然に出雲市大社町のU先生からお誘いの電話があった。よく覚えていてくださったものだと感激した。船を出してくださるのは、出雲市のY先生。ふってわいたような幸運に感謝する。

幸いが重なり、その日はベタナギ。少し曇り空なのもかえってさわやかな感じがする。

五月十日朝九時に大社港に集合。船長はもちろんY先生、お世話くださるのが地元のベテラン漁師さん。総勢八人で船出した。

今回の一番の目的はU先生の「古代、人々は神門水海《かんどのみずうみ》（今の神

海から見た島根半島（板垣旭氏撮影）

西湖）に入るのに、南は三瓶山、北は日御碕の線と、東は仏経山・大黒山の線とが交錯するあたりを目安に、進入したものと思われる」というご意見を実際に体験するためである。

船出してすぐ、正面に弥山《みせん》の鋭くとがる姿がきれいに見えた。また、あれが『出雲国風土記』に載る「等々《とど》嶋」（とどはアシカの古名）かと思われる島も見えた。

U先生のおっしゃる交錯するあたりに来ると、確かに仏経山も大黒山も標山《あてやま》となるように、ひときわ美しい姿を見せている。仏経山の西には、天寺平廃寺跡のある山も円錐形にとがって見える。

このように出雲市斐川町、雲南市加茂町、出雲市稗原町などの南部、雲南市三刀屋町にある山々を遠望しながら次々とたどっていくと、明らかに斐伊川のくびれと思われる部分もくっきりと見えた。手前にはもちろん「国引き神話」の綱である薗《その》の長浜が美

国引き神話の図

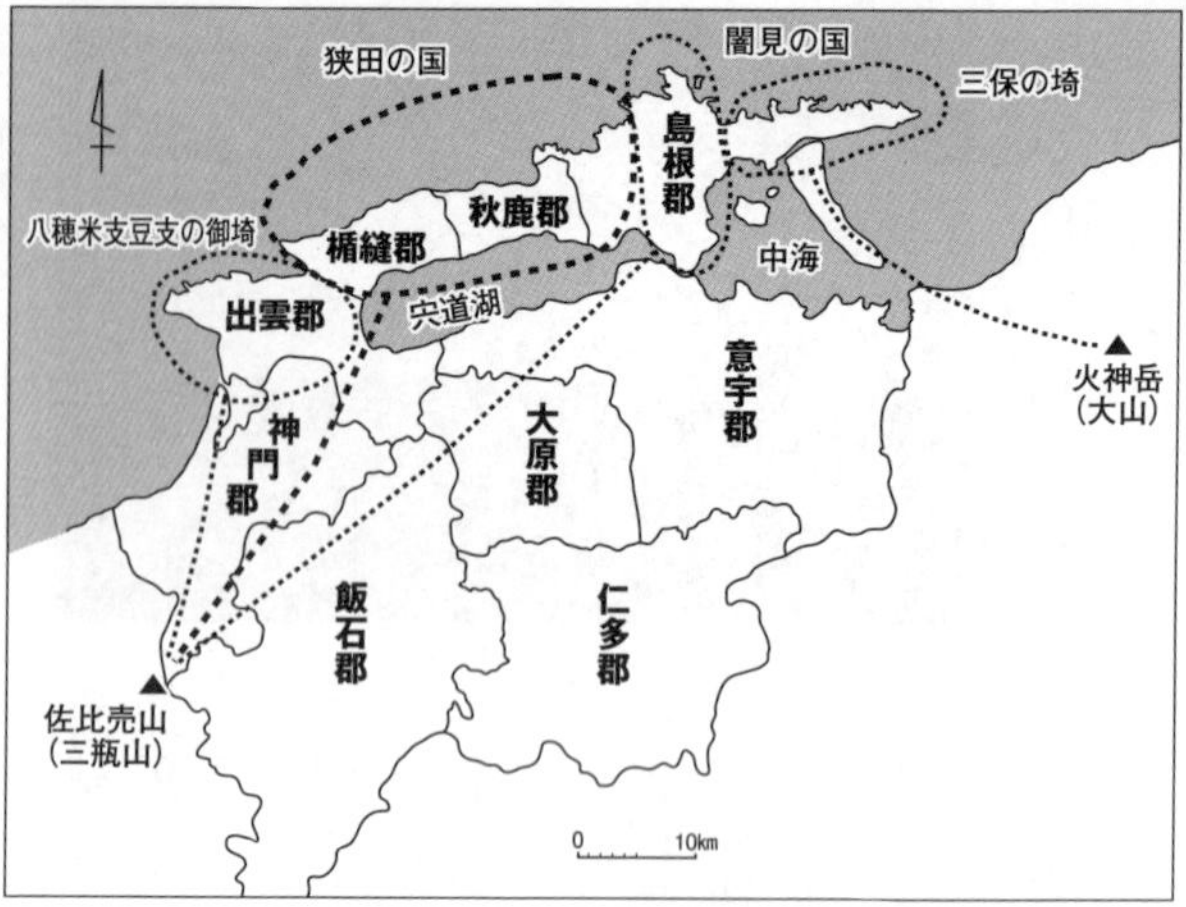

しく続いている。

海は広いなあ、島の形や入りくんだ入り江がきれいだなあ、来てよかったなあ、自然に自分の心の中でつぶやいていた。

「三瓶山と大山が両方一度に見える所にも行ってみたいんですけどね」

Y先生に言ってみると、「それは〝うばぐり〟とか〝おもぐり〟とかいう漁場で、昔なら二ろっちょう（艫が二丁）、三ろっちょう（同三丁）の船で半日はかかった所ですね」という答えが返ってきた。

「国引き神話」が一目で見える所は、なかなか大変な所のようだ。

お昼は近くの岩場でベテラン漁師さんによるサザエ

の刺し身、カメの手のみそ汁をいただいた。調理をなさるとき「何でも海の水で洗って食べると、おいしいんですよ」と言われた。海の人々は赤ん坊の健康を祈って、海水を飲ませるというが、海の恵みを実証した漁師さんの言葉だった。

「くにびき神話」の見える場所

二日前は波高二メートル、一日前は波高一・五メートルという気象情報であった。「明日は日本海は荒れ模様で、船には乗れないでしょう」

残念。二カ月前からの約束だったのに……。仕方がないからその日は朝から読書と決め込んでいたら、昼前に携帯電話が鳴る。

「天気がよくないけど、波は高くない」とのこと。それっとばかり、昼食をスーパーで買い込み、十一時に恵曇港から乗船する。

曇天だけど、不思議なくらい海はなぎだった。

十年も前に、松江市島根町野波の七十歳くらいの方から聞いた話である。『出雲国風土記』の冒頭のくにびき神話を読んでみると、私が若いころに漁師さんから聞かされたことを思い出します。それは、昔のことですから、魚群探知機も大型船もないころのことです。そのころの漁師さんはブリの一本釣りをする場所を、三瓶山と大山が見える所としていたようです。広い海の中で、そうして船の位置を決めていたようです」

ぜひ、そこに行ってみたいと思っていたのを今日、実現出来るのだ。くにびき神話は、西は三瓶山、東は大山を舞台にして、島根半島を神様が日本海の向こうから引っ張ってきた話である。

小一時間も船が進むと、その「かんなかの瀬」という所に着いた。その場所は広い浅瀬になっており、魚の住みかとなっているのだという。昔むかしの人は、ここから見た景色をもとにして「くにびき神話」を創ったのだろうか。これだけの広範囲を一望できる場所は、出雲の国には他にはない。ぼんやりと両端に三瓶山・大山が見え、なだらかな山脈が続く島根半島が一望できた。この「くにびき神話」は、海の人々によってもたらされた神話なのかもしれない。

　空には、渡り鳥の群れが飛んでいた。その日乗せて戴いた船の釣果は一メートル級のシイラが十四ほどであった。やはり「かんなかの瀬」である。

　途中でカモメが発泡スチロールの箱に具合良く乗って浮かんでいるのにも出会った。大きな海でポツンと居るのはどんな気持ちだろうと思いやった。

草田遺跡（松江市鹿島町）

二時に恵曇港に到着。ここには弥生の人骨六十体が出土した古浦砂丘遺跡、近畿地方から搬入されたと思われる土器が百個近く出土した、弥生から古墳時代の草田遺跡などがある。

また、五十基近い弥生の墓がサークル状に出土した堀部第一遺跡もある。船からあがって車で堀部第一遺跡へ向かう。秋の草花の中で整然と並べられた石組みを見ていると、二千年前の弥生の人々の心に触れている気がした。

沖の御前《ごぜん》島から青谷を見る

「これは気に入った、ヌーボーとした表情が何ともいえないよ」。三メートル近いトドのはく製を見た友人の感想である。東京・上野の国立自然科学博物館でのことである。

風土記時代はこのトドがいつも住んでいた島が、沖の御前《ごぜん》島で

美保神社の鳥居から見た沖の御前島

あった。以前、美保関の沖合一〇キロに浮かぶ孤島——沖の御前島で昼飯を食べたときのことである。昔のトドのように、のんびり海を見ていると、随分遠くまで見えた。鳥取県の赤碕、青谷《あおや》、岩美の突端部が三重になって、見晴らすことができた。

もしかしたら、大国主《おおくにぬし》神は青谷までは船で行かれ、それから陸にあがって大きな袋を肩にかけられたのかもしれないな。トドでなくても、この海を利用しない手はないという気がした。その後、大国主神は、因幡《いなば》の素兎《しろうさぎ》を助けられたのである。

青谷上寺地《あおやかみじち》遺跡が考古学では全国的に注目されている。猪や鹿の肩甲骨で占った卜骨が九十五点出土している。今までの最高は奈良の唐古遺跡の三十三点であった。弥生時代に火をつけた板を肩甲骨に押し当て、裏面にできたヒビで何を占ったのだろう。

卜骨の出土した場所は、矢板列に囲まれた、かつては微高地であった場所で、居住跡は全くなく、聖地と考えられている。矢板列というのは、幅五〇㌢ほどの板材を二〇〇㍍にわたって敷き並べている。中には丸木舟を利用したところもある。護岸工事をしているのである。

藤田憲司先生の講演を聞くと、これほど木の材料の豊富さをもち、木の加工技術の優秀さをもつ遺跡は珍しいとのこと。弥生時代に全国一の技術力、情報量をもっていた土地だと評価されている。

もしかしたら航海の安全を祈って、くり返しお祭りの行われていた聖地だったのかもしれないと考えられている。

弥生時代の鉄器の出土数も最多と考えてもよい所でもある。ちなみに出土数の多いのは北九州、山陰、北陸である。

美保湾全体

『出雲国風土記』の「美保郷」には「大国主命が北陸の沼河《ぬながわ》比《ひ》売《め》と結ばれなさって、お生まれになった御穂須々美命《みほすすみのみこと》が、ここに鎮座なさっている。だから、美保という」と書かれている。

山陰各地には航海路で重要な港があり、風土記時代より繁栄していたらしい。大国主神も、青谷で休息なさり、また、北陸へと船を進められたのかもしれない。その頃ヌーボーとしたトドも沖の御前島から海の素晴らしさを見ていたに違いない。

勇壮な漁をする古代人

「僕は毎年秋に、ヨコワを釣るのを最大の楽しみにして生きているんだ」。毎日の忙しい仕事の中で、ちょっとでも暇があれば、海へと出かける人の言葉だ。

ヨコワ――私には聞き慣れない言葉だが、クロマグロの若魚のことだそうだ。クロマグロとは、マグロ類の中で一番大きくなるもので、全長三メートル、重さ三五〇キログラムくらいになるそうだ。台湾近海で産卵し、若魚は日本近海で育つ。二年魚は太平洋を横断、二年ほどして再び日本近海へ回遊する。春に北上し、夏は三陸沖に停留し、秋から冬に南下する。

長距離を高速で遊泳する姿は、目を見張るものがあるという。細長い三角形をした隊列が、意外な速さで波しぶきをあげ、激しい音を立てる様子は、遠くからでも、否応《いやおう》なしに目につくという。高い岩の上に立ってマグロの群を見張り、網を投げる合図を漁師たちに送る男を、マグロ番という。

日本では、縄文期や弥生期の遺跡から、マグロの骨が出土するとあるので、古代から人々は勇壮な漁をしていたのだろう。生肉

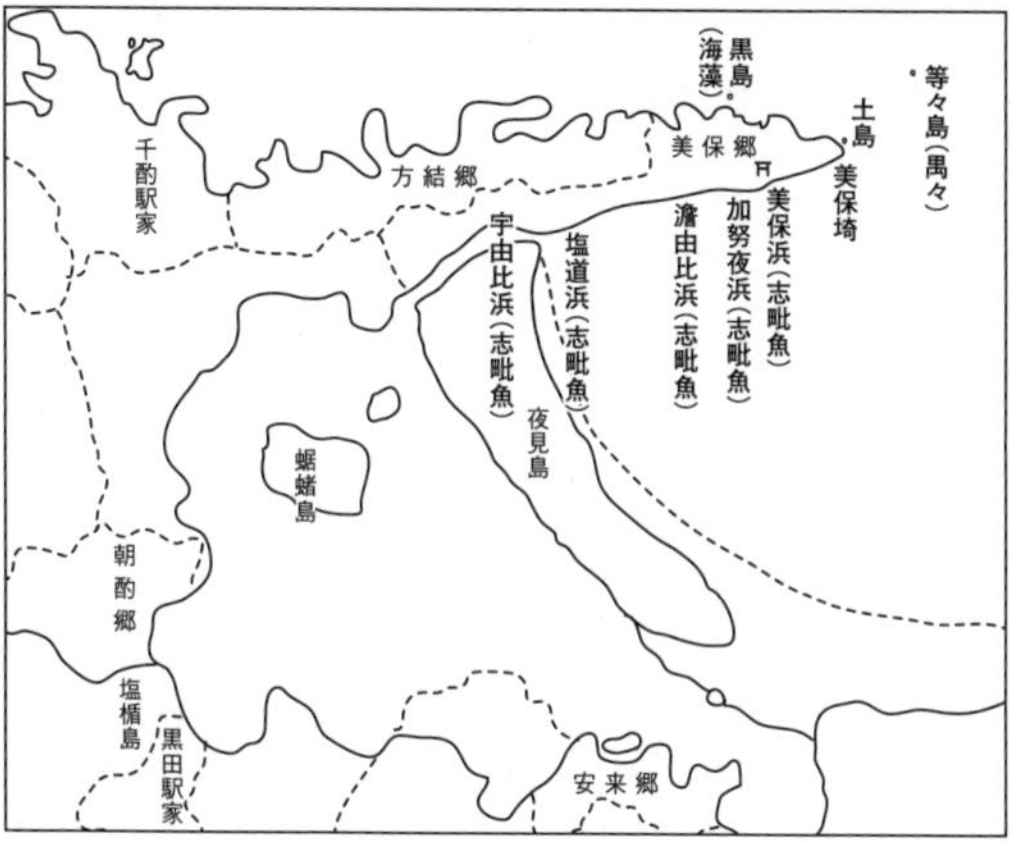

（加藤義成氏作図修正）

を酢の物にしたり、あぶったり、油脂をとったり、乾肉にもしたようだ。トリカブトの毒にマグロの胆汁を混ぜると、効き目が強くなるという。

ヨコワ、メジ、マグロと名が変わり、その成長の早さと大きさで人々の関心の的となり、日本では出世魚となっている。その大型の老年魚は、十年近く長生きをし、シビと呼ばれるという。

『出雲国風土記』では「島根郡（今の島根半島の佐陀川以東）」に載る。「宇由比《うゆひ》浜。塩道《しおぢ》浜。澹由比《たゆひ》浜。加努夜《かぬや》浜。美保《みほ》浜」のすべてに「志毗《び》魚を捕る」と記されている。現在の松江市美保関町のそれぞれの浜だ。また日本海で捕れる魚は「志毗、朝鮐《ふぐ》、沙魚《さめ》」と書かれ、漁獲の筆頭にあがる魚だ。

古代でも、出雲の国では、秋から冬にかけて、南下するマグロを待ち構えて人々は勇壮な漁をしたことだろう。

宇由比《うゆひ》浜の湾曲

秋の佳き日、美保関町をゆっくり歩いてみた。まず、七類の民宿に泊まる。夕食にはカニ・アワビ・タイ・ヒラメ・ウニ・モズクなどを食し、夜は波の音を枕に寝るのも一興。

翌朝は快晴。風土記時代の面影が一番残るといわれる法田浜へ寄り、南へ下り、宇井港へ向かう。

宇井港といっても、今は埋め立てが進んでいる。が、わずかに字名《あざな》に「郷ケ坪」の名が残っているので、ここは古代には郷庁があったともいわれている。そういえば、加工段のある広い敷地も

三保神社（松江市美保関町福浦）

あった。

『出雲国風土記』には次のように書かれている。

「宇由比《うゆい》浜。広さ八十歩。志毗《しび》魚を捕る」

この宇井浜では、マグロやカツオを捕ったようだ。そういえば、追い込み漁をするのに適した湾曲を持っていたようだ。

『出雲国風土記』で、「三十の船が泊まることができる」とする七類港へも近いし、宇井港を守るような網場神社周辺には、今もたくさんの古墳が残っている。

そこから東、福浦港へ行き三保神社に参拝する。美保神社と同じ社殿造りであり、ここも船の停泊には格好の位置にある。

改めて、松江市美保関町と鳥取県境港市が一つに載る地図を開いてみる。中海から日本海への出入り口としてチェックする所は、どこがいいのだろう。

三保神社の龍神祭

美保関港は対岸がないから駄目。福浦港も対岸が遠い。宇井港は対岸が近いが、最も近いのは「戸江剗《とのえのせき》」か「栗江埼《くりえさき》」だ。

『出雲国風土記』にはどちらも「夜見の島（今の弓浜半島）に相対している」と記されている。「栗江埼」には今、横田神社があり、対岸には白尾神社がある。クリとは岩礁を意味し、今も岩が見え隠れする浅瀬だ。古代でもチェックするのに、便利な所であったろう。

『剗《せき》』とは「交通を取り締まった所」の意味で、ここなら中海へ出入りする船を監視するのにバッチリの場所だ。今は造船所のドッグとして使われており、その湾の広さも適当である。

勝間《かつま》の由来は

ヤマタノオロチの話をご存じですか。スサノヲノミコトがイナタヒメに一目惚れし、人身御供《ひとみごくう》になっていたイナタヒメを助け、ヤマタノオロチを退治する話である。

いよいよ身を清め、心を整えてヤマタノオロチを迎えるとき、イナタヒメは「湯津爪櫛《ゆつつまぐし》」となってスサノヲノミコトを守る。

「髪に刺す」ものが「かんざし」なのだが、樹木の生命力を身につけて身を守ることとの意味だとも考えられる。それでは、イナタヒメはどんな櫛《くし》の形になられたのだろう。

縄文時代の人は、樹木から櫛を作るとき、どんな形にしたのだろうか。鉄のない時代といわれるので、樹木を細工するのは難しかったと思われる。北陸の縄文遺跡「鳥浜《とりはま》貝塚」から、漆を塗ったとても美しい人間の掌のような形をした櫛が出土している。

『出雲国風土記』の「島根郡《しまねのこおり》・片結郷《かたえのさと》」に「勝間埼」という所がある。

「粟嶋・玉結《たまえ》浜・小嶋・方結《かたえ》浜・勝間埼・鳩嶋」の順で書かれている。今の惣津《そうづ》湾の東端にある青島から玉結湾、片結湾、そして片結湾の西端にある蜂巣島までの様子を表していると考えられる。

「勝間埼」は、今の大崎鼻（松江市美保関町）にあたる。『阿波国風土記』に次のように書いてある。

「勝間井の冷水《しみず》。ここより出《い》づ。勝間井と名づくるゆえんは昔、倭健《やまとたける》の天皇命《すめらみこと》、すなわち大御櫛笥《おおみくしげ》を忘れたまひしによりて、勝間といふ。あはの人は櫛笥をば勝間といふなり」。

なるほど、地図を広げてみたり航空写真を見たりすると、この大崎鼻は掌の形をしている。地図を見ると大崎鼻は縄文期の櫛のような形をしているのである。船に乗せてもらって、海の上から見ても分からないが。

現在、この大崎鼻によって玉結湾と片結湾が分かれている。地名からするとどうも、昔むかし、この辺に阿波の国の人が住みついたように思われる。

でも、この大崎鼻をどこから見て名付けたのでしょう、飛行機もない時代に……。

今度、この近くの山に登って見てみたいと思っている。

宅伎戌《たきのまもり》は絶妙な位置

海から見た『出雲国風土記』の世界のお話を続ける。誘ってくださったU先生、船の持ち主で船長のY先生に感謝、感謝。

大社港を出てから、「くにびき神話」の世界と、古代の人々が「神門《かんど》の湖（神西湖）」と「出雲大川（斐伊川）」へ、どう当たりをつけて入っていったかを、まず確認した。

大社湾の中心部に来たころ、U先生が突然「『宅伎戌《たきのまもり》』へ行ってみよう」とおっしゃった。船は速度を急にあげて一路、田儀港へと向かった。潮風が気持ちよい。持ってきたチマキを食べながら、薗の長浜を遠望した。

十五分ほど走ると、田儀港に着いた。なるほど、やはり宅伎戌

つぶて岩から見た三瓶山（板垣旭氏撮影）

だ。港の中央には三瓶山がくっきりと見える。港の西側は、急に高く険しく山が迫り、それが西へと続いている。山の中腹にはあずまやが見える。

「ここには六、七カ所の戍《まもり》があったそうだね。南へ下ると石見銀山へも行くからね」。江戸時代に限らず、古代においても、西だけでなく、南への幾つかの道にも必ず戍があったに違いない。石見銀山を越えると、『出雲国風土記』に石神と書かれている琴引山が存在する。この石神は南への守護神かもしれない。

翌日、中腹のあずまやが気になり、一人で車で出かけてみた。JR田儀駅の南にあり、そこは手引ヶ丘公園となっていた。あずまやまでには、アスレチックの巨大な設備、長い長い滑り台、野球のできそうなグラウンド、園児の遊べそうな広場などもあった。あずまやからは、遠く大社町の弥山まできれいに見えた。この遠望のすばらしさは何を意味するのだろう。

公園を下りて、国道9号を少し東へ行くと標識があった。それには「手引ヶ浦伝説」が書かれてあった。「大国主神の御子神・アダカヤヌシタキキヒメ（多伎《たき》神社祭神）は、かしこくやさしい女神で里人はその徳を慕った。が、ある日、父のお召しで出雲大社へ海辺の砂浜を通りかけなさると、海神が女神の出立を惜しみ、津波を起こした。女神が沖の海神に祈られると大波はやみ、お供の手を引き、真一文字に稲佐の浜へお急ぎになった。だから手引が浦という」

この女神は、松江市東出雲町の阿太加夜《あだかや》神社の祭神でもある。

古代のアダカヤ（朝鮮半島に在ったとされる国）にも近く、また、稲佐の浜へも砂浜伝いに通りやすい。海を通れば東出雲町へも行けそうだ。多伎郷《たきのさと》は古代でも重要な国境であったようだ。

海から見た自毛崎（板垣旭氏撮影）

「牛の首」は海の目印

『出雲国風土記』に羊の記載はないが、牛は登場する。その牛にちなんで「楯縫郡《たてぬいのこおり》・自毛埼《しものさき》」（平田市坂浦町）を取り上げたいと思う。現在ここは、通称・牛の首と呼ばれている所である。

『出雲国風土記』では「秋鹿郡と楯縫郡との二郡の堺なり」と記されるように、今でも日本海に突き出した御埼で、航海上の目印となっている。船から見ると、牛の頭のように見える。

「しも」は、おそらく「そしもり」がなまったのではないかと考える。なぜなら、古代朝鮮語で「そしもり」とは「牛頭」を意味するからだ。

『日本書紀』の中で「スサノヲノミコトは御子神イタケルノミ

コトを連れて、新羅《しらぎ》の国の〝そしもり〟に降りなさる。そこで『此処《ここ》には居たくない』とおっしゃり、出雲の国の簸《ひ》の川にある鳥上の峯に降りなさる」と記されている。

現在の朝鮮半島には、この牛頭山に比定される山があるようだ。

それでは日本地図の中で、昔から「牛の首」と呼ばれている所はどこか……。それは、九州と北陸だ。

九州は福岡県大野城市の背振山地の一部が「牛頭」に見えるので、昔からそう呼ばれている。古代には太宰府《だざいふ》や水城《みずき》（貯水のための大堤）のあった重要な所だ。

北陸は白山連峰のふところ深い位置にある峠で、山の地形が「牛の首」に似ていることによる名称だ。一つは福井県と石川県を結ぶルートで「白峰村」にあり、もう一つは富山県と岐阜県を結ぶルートで「白川村」にある。白山は大汝峰《おおなむちがみね》とも呼ばれ、オオクニヌシノミコトと関連付けられることもある。

「牛の首」と名付けられたこれらの地は、すべて日本海に面しており、神の渡りたもうた所という意味を持つように思われる。牛も羊も古来より人間の暮らしに欠かせぬ動物で、神の使いと考えられていたのだろう。

能呂志浜《のろし》——四十二浦の最小の浜

雨模様の夏の日が続く。海水浴どころではないはずなのに、なぜか、私の夏は海づいていた。三人で日本海を島根半島巡り。Y船長と初めて乗るN氏と私の三人。

その時に撮ったのがこの写真。島根半島の中で最小の浜——能《の》呂志《ろし》浜である。島根半島は昔から四十二浦といい、おのおのの浦

海から見た能呂志浜

に神社があり、四十二社巡りも古くから盛んだったと教えてくださったのは、U先生。四十二社の説明書と地図も送っていただいた。また、この次にでも四十二浦をじっくり回るつもりである。

今日の目的地、「能呂志浜」を調べるために、『出雲国風土記』に記載されている浦を丁寧に数えてみたら、あーら不思議、きっちり四十二浦ありました。その中では最小で、つまり「能呂志浜。広さ八歩あり」と記されている。

八歩とは、今の長さで約一五メートル。なんで、こんな小さな浜まで――船で巡っても見過ごすような浜まで――『出雲国風土記』は記すのだろうか。写真でもわかるように浜に上がると、この狭い谷には棚田《たなだ》が造られ、耕されていたことがわかる。

さて、島根半島の地図を開いて、もし日本海を丸木舟で漕ぎ渡って来るとしたら、この島根半島のどこに船をあげると簡単に山越えができるか調べてみてほしい。十六島《うっぷるい》湾か、恵曇《えとも》湾だろうか。宍道湖岸へはほとんど山越えなしで着く。

その次は？　それがこの能呂志浜、現在の唯浦《ただうら》のように思われる。山越えの部分が一番短くて、湖岸へ着く。出雲市野石谷町の辺りは、昔は大寺などの遺跡もあったと聞く。

『出雲国風土記』では、ここは「楯縫《たてぬい》郡」の「楯縫郷」に当たり、渡来系の技術集団が住みついた所とも解釈されている。この近くの「神名樋山《かんなびやま》」（出雲市大船山比定）の記述は次のようである。「阿遅須枳高日子命《あじすきたかひこのみこと》の后《きさき》、天御梶日女命《あめのみかじひめのみこと》、多久村に来まして、多伎都比古命《たきつひこのみこと》を産みたまひき」。

天御梶日女命とは『尾張国風土記』では「多久の国の神」と出てくる。この辺は『出雲国風土記』では多久の地とも記されている。そうするとここは人々が集まり、栄えた国だったように考えられる。ちなみに梶の木とは、実も葉も皮も木も暮らしに役立ち、神の木とされた。皮は加工して繊維にし、機《はた》で織り、そのできあがった布や縄を栲《たく》といった。こんな技術をもって渡ってきた織り姫さまがいたのかもしれない。

スセリヒメの那売佐《なめさ》神社

また海へ出る機会があった。本当にラッキー。今度のは、なぎさ交流イベント「神海丸と遊ぼう」に誘われた。島根県の水産練習船「神海丸」は五〇〇トン級で、これこそ大船に乗った気で安心。

ところが、大社港には入れず、漁船で「神海丸」まで運んでもらった。航路は大社町と多伎町を往復するルートだったが、今回は大社、湖陵、多伎の三町の交流が中心で、その時の町長さんをはじめ、関係者の方々も一緒だった。午後に三町の中学生を中心に一般の方も乗船された。時はまさに「海の日」。

この三町は「くにびき神話」の綱となった「薗《その》の長浜」でつながっている。それ以外にも「杵築《きづき》大社」（オオクニヌシノミコト）、「那売佐《なめさ》神社」（スセリヒメノミコト）、「多伎神社」（アダカヤヌシタキヒメノミコト）でもつながっている。なぜなら、最初の二神は御夫婦の御神、三番目の神アダカヤヌシタキキヒメノミコトとは親子神でいらっしゃるからだ。

それにしても、なぜこの三神はこの場所に鎮座なさっているのだろうか。

大社港から次第に神海丸は離れていき、時速約一〇ノット（一八・五キロ）のスピードで大社港から多伎港へと向かっていった。吃水《きっすい》

那売佐神社（出雲市西神西町）

（水面から船底までの深さ）約六㍍のせいか、かなりの沖合を走っているようだ。三町の町長さんとも海からわが町を眺めるのは初めてのようで、感慨深そうでいらっしゃる。

陸に上がってから、大社町長さんが、美保関と日御碕の灯台の話をしてくださった。どちらも古くて重要な灯台で、国際航路標識協会の「世界の歴史的灯台百選」に選ばれているそうだ。ちなみに日本でそれに選ばれたのは五灯台だけである。

日本地図を広げてみると、ここは大陸や朝鮮半島との交通の要路にあたる。この場所を日本として、どう生かしていくかは古代からの難題だったようである。そういえば、多伎町の手引ヶ浦の公園には今も砲台が置かれている。

風土記時代の地図を広げてみると、杵築大社は杵築《きづき》郷に、那売佐神社は滑狭《なめさ》郷に、多伎神社は多伎《たき》郷にある。今の大社町、湖陵町、多伎町にほぼ当たる地である。杵築郷と多伎郷が、船の出入り口「神門の水海（今の神西湖）」を守るようにあるとすると、滑狭郷はその最奥部に陣取っている。

また、那売佐神社の山から見る眺めは最高である。さすが、スサノヲノミコトの御子神のスセリヒメは、最も重要な所に鎮座なさっているようだ。海にちなんだ「なぎさ交流会」は三神に見守られ、子供もまきこみ、いよいよ盛んになるといいと思われた。

湖の豊かさ・凄さ

この写真は今秋の晴れた日に撮ったものである。会心の作だと

宍道湖から見た茶臼山

思っています。この双子山がとても好きだから。まるで男と女がそっと寄り添うような雰囲気を持っている。

奈良にもこれとそっくりな山がある。二上山《ふたがみやま》。壬申《じんしん》の乱で有名な天武天皇の一番の息子と考えられていた大津皇子が、不本意にも処刑されたあと、葬られた山のことである。

古代の人々はこのような重なる山の姿を愛したようで、古代の人々が神奈備《かんなび》山と呼びならわした山のほとんどが、このような姿をしている。「神奈備山」とは「神の篭《こ》もりいます山」の意といわれていて、万葉集にもいくつか出てくる。

「かんなびの　三諸《みもろ》の山に　斎《いは》ふ杉　思ひ過ぎめや　苔生《こけむ》すまでに」（神奈備の三諸の山に神木として祭ってある杉のように、思い過ぎる、つまり思いの消えることがあるだろうか。苔の生えるほどの年がたつまでにも）

恋心が神がかりする気持ちを歌ったものだろう。山の姿と、人々の思いがぴったりと一致した歌だ。

さて、この写真の山は、松江市山代町にある茶臼山である。『出雲国風土記』では「神名樋野《かんなびぬ》」と出てくる。宍道湖の北辺にある「大野津神社」(松江大野町)から撮ったものだ。「大野津神社」も『出雲国風土記』に載っている。

『出雲国風土記』で「カンナビ山」として載る山は四つある。茶臼山、朝日山(松江市鹿島町)、大船山(出雲市多久町)、仏経山(出雲市斐川町)である。これらの山には、必ず双子山に見える方向があるように思う。男女の重なるような姿に、古代の人々は一つの豊かさを感じたのだと考える。

「大野津神社」の主祭神として、須佐之男命が祀られている。須佐之男命は『古事記』では、船通山(奥出雲町鳥上)に天降《あも》りなさって、八俣大蛇《やまたのおろち》を退治なさった神様である。

「大野津神社」は「祈雨の社」として崇敬のある神社だ。言い伝えによると、日照りの年に大野津神社の御神体を船にお乗せして湖の中心（鳥居が存在するといわれる）まで進め、船通山に向かってご祈念すると不思議に雨が降るという。

湖心から船通山が見えるのだろうか。また色々と考えてみたい。どこからどんなふうに山が見えるのかを、古代の人々はとても気にかけていたように思う。

粟島が出雲国とは

安来市恵乃島町の鉄工センターの岸壁で、ゴズ釣りをしていると、お祭りの太鼓の音が隣の方から聞こえてくる。帰りに近くの島神社に寄ってみるが、いつも通りでだれもいず、シーンと静まりかえっている。

後で気がついたのだが、目の前の粟嶋《あわしま》神社（米子市彦名町）から聞こえてきていたのである。『出雲国風土記』では、出雲国の意宇郡の島のひとつとして記載されている。

「門江《かどえ》浜（安来市門生《かどお》・吉佐《きさ》の海岸）。伯耆《ほうき》と出雲との二国の堺なり。東より西に行く。子嶋（安来市松島）。粟嶋。椎《しい》、松、多年木《あはぎ》、宇竹、真前《まさき》などの草木あり。砥神《とかみ》嶋（同市十神山）。加茂《かも》嶋（同市亀島）。羽《は》嶋（同市権現山）。塩《しお》楯《たて》嶋（松江市塩楯島）。蚊《か》嶋（同市嫁ヶ島）」

東から西へと、内海に浮かぶ主なる島が、意宇郡として記載されている。粟嶋も出雲の国の島としてあげられていて、椎、松、樫《かし》、真竹、錦木《にしきぎ》の植生が認められている。

粟嶋神社（米子市彦名町）

『釈日本紀《しゃくにほんぎ》』に残されている「伯耆国風土記」によると「粟嶋はスクナヒコナノミコトが粟を蒔《ま》きなさったら、実って穂が垂《た》れた。そこで神は粟に乗って常世《とこよ》の国にはじかれて、渡ってしまわれた。そこで、この嶋を粟嶋という」と書かれている。スクナヒコナの神は、国造りの神で、掌《てのひら》にのるほどの小さな神といわれている。常世の国は、海のかなたの不老不死の幸せな国とされている。

他にも出雲の国の一部のように考えられている島に、「夜見嶋《よみのしま》(今の弓浜半島)」がある。『出雲国風土記』冒頭の雄大な神話「くにびき」で、「神が持ち引ける綱」とされる島である。

大国主神が活躍される頃、神々は出雲の国と伯耆の国と因幡の国を行き来した。それを示す神話も多々ある。このころ、この地域は一つの国と意識されていたのではあるまいか。

　それを暗示するような遺跡が、伯耆の国で見つかっている。妻《む》木《き》晩田《ばんだ》遺跡である。大山町と淀江町の境界にあり、弥生時代の一大都市を示すような、国内最大級の住居跡・掘立て柱建物跡六百七十棟と、山陰特有とされる四隅突出型墳丘墓十八基と環濠集落跡がセットになって発見された。森浩一先生は「海とのつながりを示す点では吉野ヶ里（佐賀県）より重要だ。戦後五十年のベストテンに入る発掘だ」と、発見当時いわれた。

　無類の景観を見つけて開発を進めた現代人の眼よりも、それより二千年前にはもうそこに住みついていた弥生人のすばらしさを、後世に伝え、残せたことは幸せだと思う。

安来港から見た十神島（中央）と粟島（左手の小さな島）

粟《あわ》島・十《と》神《かみ》島・亀島の位置

安来市にある和鋼博物館の二階のレストランで、ある夕方、食事をしていた時のことだ。

夕やみがおぼろに迫るころ、中海の南端の景色はすばらしかった。右手に十神山、真ん中に粟島、左手に亀島がそれぞれバランス良く浮かんでいた。そのシルエットは、薄暮の空にくっきり見えた。

『出雲国風土記』には、次のように記されている。「北は入海（中海と宍道湖）なり。門江《かどえ》浜（安来市門生町の海岸）。子嶋（同市後山沖の松島）。粟嶋（米子市彦名町の粟嶋神社の丘）。砥神《とかみ》嶋（安来市十神山）。加茂《かも》嶋（同市亀島）」。

安来港から亀島（右手の小さい白い燈台のある島）を見る

地図を広げてみると、粟島は今の弓浜半島の一部である。古代においても、夜見島のつい南隣に位置する島だ。伯耆の国に入っていても、決しておかしくない。シルエットを見ながら何故だろうと考え始めた。粟島、十神島、亀島はほぼ三角形に位置し、三島とも頂上に神を祀っている。

中海への入り口を、この三島でピシャリとおさえている感じがする。神はその頂上から入海へ出入りする民を見守ると同時に、威圧を与えているようにも受け止められる。

三島の中でも、粟島はその中心に位置している。この島が伯耆の国に属していたら、出雲の国の玄関口はやや守り切れない感じも受ける。

『伯耆国風土記逸文《いつぶん》』によると「粟嶋から少日子命《すくなひこのみこと》が粟に乗って常世《とこよ》の国へはじかれて渡りなさった」と記されている。少日子命は、大国主命《おおくにぬしのみこと》とともに、出雲の国の国造りをなさった神である。海の力を背景として豊かになった出雲の国には、少日子命も粟島も、なくてはならない存在だったのだろう。

今はハゼ釣りの季節。安来の港の湾内で釣っていると、座っている傍《かたわ》らで鳴っているように、粟嶋神社の太鼓の音が聞こえてくる。

羽島《はしま》は中海に浮かぶ小島

国道9号を西から東へ走らせ、安来市の飯梨川を渡って北を見ると、ポコンと盛り上がっている丘が見える。通称・権現山である。『出雲国風土記』では「羽島」である。安来市飯島《はしま》町に在《あ》る。

国道を左に折れて「羽島」に向かうと、鳥居が見え、その向こ

羽島神社（安来市飯島町）

うに、十神山が見えた。

十神山は、『出雲国風土記』では「砥神島《とかみ》」であるが、時の流れのなかで十柱の神を祭ったので、十神山というようになったとも言われている。

春の夕暮れ時、車を降りて、羽島神社の鳥居をくぐり抜け、急な階段を上った。桜の一木に二十羽以上のスズメがとまっているためか、鳥の鳴き声がかしがましい。中には、山鳩のような大きさの鳥もいる。

五十段ほどの階段を上り詰めると、随神門があり、社殿がある。周りを見回すと三六〇度、安来平野に囲まれている。今は田植えの時期で、目の前では耕耘機の音がしている。風土記時代は中海の汀《みぎわ》は今よりずっと深く、この「羽島」も中海に浮かぶ小島であったのであろう。もちろん「砥神島」も。

丘の上からは、東の方に弓浜半島が見える。『出雲国風土記』には、この二島以外に「粟島《あわ》」「塩楯島《しおたて》」の名も見える。

「粟島」は米子市彦名町にあり、少彦名命《すくなひこなのみこと》が祀られている。『伯耆国風土記逸文《いつぶん》』によれば「少彦名命、粟をまき、よく実りし時に、粟にのぼりて、常世《とこよ》の国に弾《はじ》かれ、渡りましき。故、粟島という」と書かれている。ここには粟嶋神社が在る。

粟島・砥神島・羽島・塩楯島の四島とも、長い間人の手が全く入っていない自然林がこんもりと生い茂っている。どれも、遠くから見ると姿のよい島で、急峻な登りを持っていて、きり立った感じである。

羽島神社の境内に立ちながら、昔、船から詣《もう》でるとすると、かなり大変な思いをして、頂《いただ》きまでたどり着いただろうと想像された。

そんな思いをしてまで登ってきて、この狭い頂きでどんな祭をどんな心で昔の人々は行ったのだろうか。

松江市の「大社造り」の源流ともいわれる神殿跡のある田和山遺跡へ、ある神官の方が登られた。そこで宍道湖に向かいながら「古代人はどこへ向かって何を祈ったのでしょうね」とおっしゃった。

羽島をはじめとする四島も田和山も、海と古代人との関係を想像させる場所である。

古代の牧場――大根島《だいこんじま》

『出雲国風土記』の中には、今のところヒツジに関する記載は見当たらない。が、ウシに関するところはある。

中海に浮かぶ大根島

その一つが牧《まき》だ。今の大根島に牧場があったと記されている。この牧場で飼われていたのが、牛や馬ではなかったかと推定される。

牛と考える理由は、『日本書紀』の安閑《あんかん》天皇の所に「よろしく牛を難波の大隅《おおすみ》島と媛《ひめ》島とに放つべし」と書かれている。この牛は、後に京都に移されている。

古代に、牛は何に使われていたのだろうか。実は、現在の大阪市東淀川区の大隅神社の境内の燈籠には「乳牛牧之庄三宝寺村」と刻まれている。京都に移されたのも、案外、天皇のおそば近くに早くに牛乳を届けるためだったのかもしれない。

仏教の『涅槃《ねはん》経』には、乳製品の最高のものを醍醐《だいご》といい「これを服すれば、衆病皆除かる」と書かれている。これが「醍醐《だいご》味《み》」の語源とされている。

古代の乳製品は「蘇《そ》」と名づけられ、平安時代には、出雲の国からも辰と戌の年には朝廷に献上されている。

「特牛《こっとい》」とは山口県豊北町にある地名だ。『万葉集』にも「牡《ことひ》牛《うし》の三宅の埼《さき》に」と出てきて、「三宅（国の税を納めた倉）」の枕詞になっている。牛は馬以上に重い荷物を背負って遠くまで行く重要な動物だったようだ。豊北町特牛には角島《つの》があり、ここでも古代に牛が飼われていたようだ。

その他、牛皮・牛角・牛胆なども有益だったと思われる。特に角は角弓《つのゆみ》・角笛《つのぶえ》などにも使われたが、その形が三日月（鎌形になった月）と似ていることから、牛は月の女神の聖獣ともとらえられたようだ。

そういえば、犠牲という字には「牛」が使われている。ヒツジとウシの共通点は角。角のある動物は水に関係するともいわれるが、どちらも家畜経済の出発点と考えられ、神に献げられる聖獣として、古代ではとらえられていたようだ。

第二章　出雲から他国へと続く神々

能登半島の白山神社

白山《はくさん》は大汝峰《おおなむち》

能登道路（石川県）を走っていると、東方にひときわ目立つ山が見えた。思わず仰ぎ拝みたくなる峰だ。白山である。地図で見ると、御前峰（二七〇二㍍）、剣ケ峰（二六六〇㍍）、大汝峰（二六八〇㍍）の三峰から成り立つ。

大汝はもしかしたらオオナムチノミコトすなわちオオクニヌシノミコトを意味するのかもしれない。そういえば、この麓の白峰村はもとは牛首と呼ばれ、交通要地のため近世初めに天領（幕府直轄領）となった。

さて、富山県には牛嶽と呼ばれるオオクニヌシノミコトにまつわる山がある。白山から四〇㌔北にあるので、富山市にそそぐ神通川の源流ともなっている。次の神話は江戸後期の本に「神争いの伝説」として載っている神話だ。

「昔、越中に姉倉姫という女神がいて、夫はイスルキヒコノミコトで、仲むつまじかった。が、隣の能登姫が男神に寄り添ったので、女神たちの間に争いが起こった。これを治めるために出雲の国のオオクニヌシノミコトが来た。越の国の三神は、こぞってオオクニヌシノミコトに抵抗した。姉倉姫は小竹野に流され布を織るよう命じられ、能登姫とイスルキヒコは、海辺で殺された。こうして越の国には、もとの明るさが戻ったのだ」

イスルキヒコとは県境の石動山《いするぎやま》の神と考えられる。姉倉姫は富山県呉羽山陵、能登姫は能登をたぶんさすのだろう。

江戸初期の本には牛嶽はオオクニヌシノミコトが牛に乗って登ったから、その名がついたとも考えられている。

須々神社（石川県珠洲市）

オオクニヌシノミコトと牛とのかかわりについては、平安時代の本には「大地主神《オオナヌシノカミ》（オオクニヌシノミコト）が田を作るときに農夫に牛肉を食べさせた」と書かれている。白山は手取川、九頭竜川、長良川の源流といわれているので、白山は加賀・越前・美濃の三国の平野をうるおす信仰の山だ。

白山には、目立った神話は記されていないが、富山県の牛嶽と同じようにその背景に農耕の神としてのオオクニヌシノミコトの力も感じられるように思う。

須《す》々《す》神社とくにびき神話

出雲大社に参ったら、気多《けた》大社（石川県羽咋市）にもぜひ参らなければいけない、といわれる。出雲と気多の御祭神は、同じオオクニヌシノミコトだからである。

出雲から小松への直行便が廃止される直前、能登半島へ行くには最後のチャンスと、思い切って飛行機に乗った。飛行機なら四十分ほどなのに、列車、自動車だと七、八時間はかかるからである。

石川県の地図を開いて驚いた。気多大社を中心として、オオクニヌシノミコトと、スクナヒコナノミコトを祀る神社の多いこと……。出雲の国以上と感じるほどだ。スクナヒコナノミコトは出雲でも北陸でもオオクニヌシノミコトと力を合わせて国造りをした神なのである。

今度の旅のもう一つの目的は、須々神社への参拝。『出雲国風土記』の「くにびき神話」には珠洲岬《すすのみさき》が出てくるからである。

「ヤツカミズオミズノノミコトが『高志《こし》の都都《つつ》の三崎を、国の余りありやと見れば、国の余りあり』とおっしゃって、『国来《くにこ》、国来』

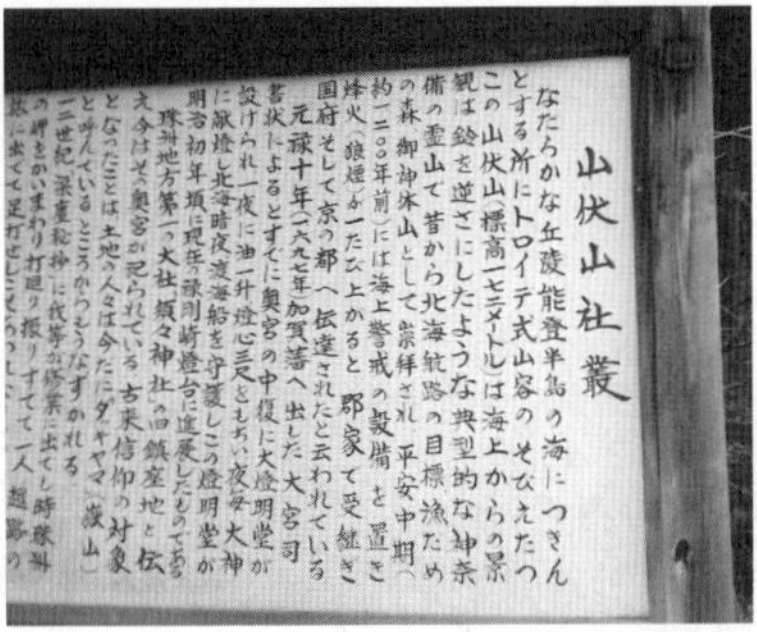

須々神社・奥宮の説明

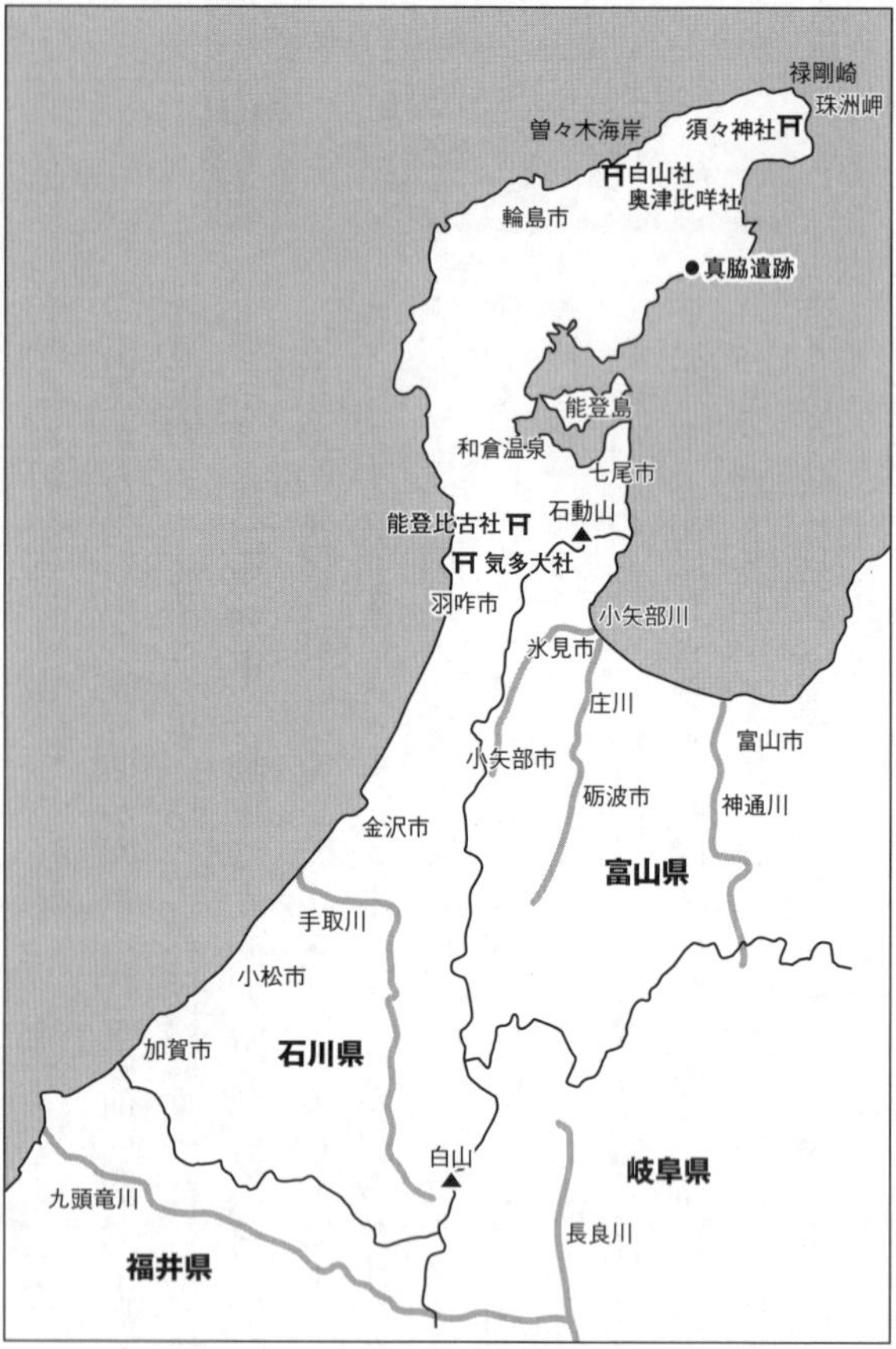
禄剛崎
珠洲岬
曽々木海岸
須々神社
白山社
奥津比咩社
輪島市
真脇遺跡
能登島
和倉温泉
七尾市
能登比古社
石動山
気多大社
羽咋市
小矢部川
氷見市
庄川
富山市
小矢部市
砺波市
神通川
金沢市
富山県
手取川
小松市
加賀市
石川県
白山
岐阜県
九頭竜川
長良川
福井県

と引き寄せられたのが、出雲の美保の崎である」

日本海の中で一番飛び出た所が能登半島。その最先端が珠洲岬。次に飛び出た所が島根半島だ。古代の人々はこの二つの半島を船で行き来していたと思われる。船なら潮や風の流れに乗って数時間で到着しただろう。

須々神社は、珠洲岬の東の先端に鎮座している。まずその鎮守の森は国の天然記念物ですばらしいし、その奥宮のある山伏山は別名・鈴が嶺といい、海上から絶好の目印となる山であっただろう。

御祭神はオオクニヌシノミコトと高志（越）の国のヌナガワヒメノミコトとの間の御子神、ミホススミノミコトである。『出雲国風土記』の記載では、島根半島の美保神社の御祭神でもある。

須々神社に参拝してみると、能登の国が出雲の国の隣のような気がしてきた。今度はオオクニヌシノミコトのように船で来たいなぁ。

気多大社《けたたいしゃ》の大きさ

「気多《けた》大社」について書いてみたいと思う。中世には能登国の一の宮となり、近世には加賀藩の崇敬を受けた大社だ。

その場所は加賀藩としては一番の重要地にある。自然環境でいえば、邑知潟の外浦に位置し、海に開いた大社だ。邑知潟とは現在の羽咋市と七尾市とを結ぶ平たん地で、外浦と内浦を結ぶ交通要地でもある。

日本海では、対馬から上る暖流とシベリア沿岸から下るリマン寒流とが、この能登付近で合流し、豊かな漁場を提供する。この

気多大社（石川県羽咋市）

潮の流れと季節風が古代では渤海などの使者を加賀・能登へ着船させたようだ。弥生時代の昔から、海上の道がここから西日本へも東日本へも開けていて、物・人・文化の交流が行われていたと思われる。

　白山の雄姿を眺めながら「渚ハイウェイ」を走らせて、気多大社に着いた。駐車場から見た大社全景の雰囲気は、さすがオオクニヌシノミコトを祀る大社だと納得させるものがあった。

　大社本殿の背後には、三万平方メートルを超える常緑広葉樹の自然林、通称「入らずの森」と呼ばれる社叢《しゃそう》がある。国の天然記念物だ。

　南東一キロにある通称「渚の正倉院」といわれる寺家《じけ》遺跡からは、庇《ひさし》を持つ大型建物群の遺構が発見されている。「宮厨《みやのくりや》」などの墨書土器も出土し、神社の政庁域だったとも考えられ、中心地として栄えたのであろう。

『出雲国風土記』でも『古事記』でも、オオクニヌシノミコトと越の国（北陸）のヌナガワヒメのラブロマンスが記されている。気多大社の森のたたずまいは、十分にオオクニヌシノミコトの存在を信じさせるものがあり、その鳥居から眺める日本海はラブロマンスの情熱を十分感じさせるものがあった。

そこから遠望できる白山とそれにまつわる神話についても、思いをはせてみた。

二つの多太《ただ》神社

夏の昼盛り、松江市の湖北線を車で走っていた時、真向こうに鳥が群れているのが見えた。「ちょっと足でも湖水に浸して行こうかな」と車をとどめた。そこは秋鹿なぎさ公園だった。「気持ちいい」。久しぶりに童心にかえった気がした。

案内板の地図を見ると、近辺の神社が記されていた。秋鹿神社、多太《ただ》神社、草野《かやの》神社、奴多之《ぬたし》神社……どれも『出雲国風土記』に載る神社である。

行ってみたいな……。一番のお目当ての多太神社に直行する。

「秋鹿町の多太神社と同じ御祭神で、同名の多太神社が石川県にもあるのですよ」。数年前に小耳にはさんだ一言が心の中にずっとひっかかっていたからだ。

秋鹿なぎさ公園をそのまま北に走らせると、「多太神社」の大きな標柱があった。ご参拝を済ませ、そのまま北へ日本海まで行きたかったけれど、思い直し、やめた。

多太神社（松江市岡本町）

日本海を船に乗り、ずっとずっと北に進むと石川県がある。石川県の小松市の駅近くにもう一つの多太神社はある。御祭神は確かにどちらも衝桙《つきほこ》等《と》番《お》留《る》比《ひ》古命《このみこと》とされている。どうしてだろう。

小松市周辺の古代遺跡を少し調べてみる。この辺は、白山に源を発して加賀を南北に分ける手取川が流れ、丘あり、川あり、砂丘あり、海ありの豊かな土地だったようだ。

地図を見ると、古府町とあるから、古代では国府（国の役所）もあり、南加賀の中心でもあったのだろう。寺井山遺跡とか末寺山遺跡とかがある辺は、能美《のみ》古墳群といわれ、弥生時代から古墳時代のお墓の密集地のようだ。中には一五〇メートル級の石川県一の古墳もある。

すごい場所に多太神社は鎮座しているわけだ。その少し北には、出雲中心に発達したといわれる弥生時代のお墓、四隅突出型墳丘墓も発見されている。もう少し石川県と島根県の神社を調べてみたいと思っている。

能登神社

松江市秋鹿町の多太神社に参拝した後、そのまま車を進め、出雲市東福町の久多美神社に参拝した。その時は、そこから松江市忌部町の久多見山が見えるかを確かめたかったからだが、はっきりしなかった。

久多美神社境内を一巡すると、そこに偶然、能登神社が祀られているのを見つけた。島根県で能登神社なのである。昔、石川県の能登半島を一周したことがあり、そのつながりを興味深く思ったのである。

能登神社（出雲市東福町）

調べてみると、出雲市の能登神社のご祭神は、大国主命《おおくにぬしのみこと》と書かれていた。石川県には式内社（奈良時代の『延喜式』（九二七年成立）に載る神社）として、能登比咩《のとひめ》神社と能登生国玉比古《のといくにたまひこ》神社がある。

　前者の由来には「大国主命と少彦名命《すくなひこなのみこと》が、越《こし》の国を平らげなさり、この地で休まれた時、すばらしい乙女がおり、大国主命はこの乙女を心より愛しなさった」と書かれている。

　後者の由来には「大国主命が出雲よりこの地にいらした時、毒蛇が人民を苦しめていたので、それを退治なさった」と書かれている。

　『出雲国風土記』でのつながりを考えると、「ノト」あるいは「ヌタ」に関係がありそうに思う。江戸時代の学者の伴信友《ばんのぶとも》が、『神社私考』の中で、北陸弁について次のように書いている。「この国の浦人は、波の太く起《いた》ちてうねるを、ヌタ、あるいはノタといひて、ヌタの立《た》つ、ノタうつなど言ふ」。

出雲市平田町の漁師さんに聞くと、「ダダーンと寄せる大きい波は、ぐっと持ち上がって、ぐっと引く波で、オオノタとか、ヌタが強い」というそうである。北西の風も影響するが、潮流による作用が大きいとのことだ。

出雲市の十六島《うっぷるい》湾辺を『出雲国風土記』で「泥田郷《ぬたのさと》」といい、敦賀《つるが》半島辺の若狭湾を『日本書紀』で「渟田門《ぬたのと》」といい、そして、対馬海流のうねりが大きくあたるところを「能登半島」というのだと思われる。

いずれの地も魚の最も釣れる所だし、潮流に乗った海人の交流の地である。

気比神宮（福井県敦賀市）

あこがれの敦賀へ

とうとうやってきた、夢にまで見た敦賀に。今まで豊岡市まで、あるいはずっと先の福井市までは訪ねる機会はあっても、中間の敦賀には来たことがなかった。松江からは、いまいち不便な所だからだ。

古代では娜《な》の津《つ》（博多）、難波津《なにわつ》（大阪）、角鹿津《つぬかつ》（敦賀）の三大の津（港）と並称されたほど、有名で便利な港だった。日本地図を広げるとなるほどと思う。百済・新羅（朝鮮半島）にも高句麗・渤海（中国大陸東南部）にも近く、日本海航路の中間で、港に最適の入り江を持つ地だ。

なぜ、古代に角鹿津と呼ばれたのか、『日本書紀』には次のよ

角鹿神社

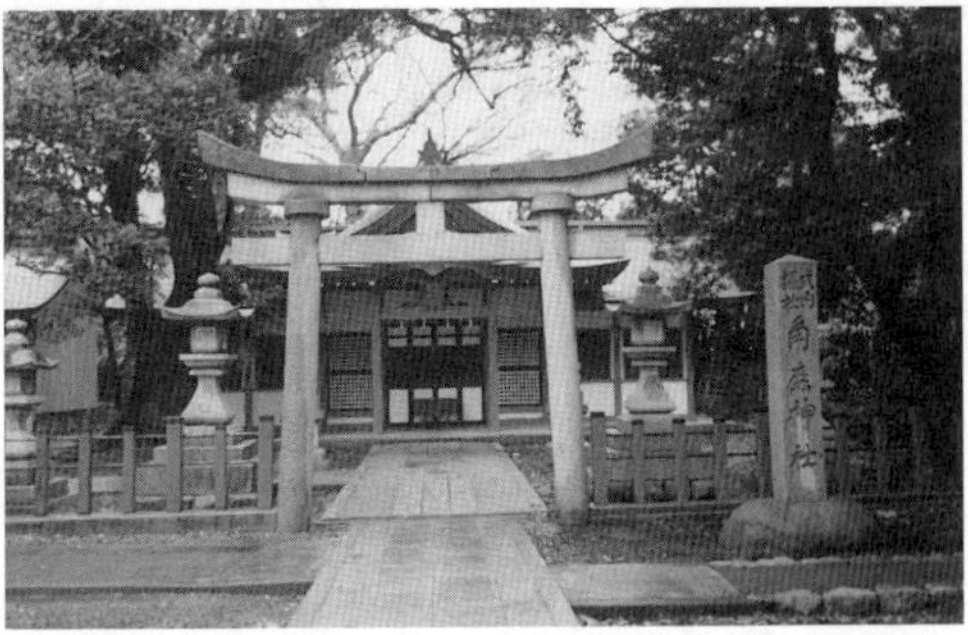

うに記されている。「崇神天皇の時、額《ひたい》に角《つの》のある人が一艘の船に乗り、越前《えちぜん》の国・笥飯《けひ》の浦にやってきた。そこで名付けて角鹿というようになった」。この角のある人についてはまた次のようにも記されている。

「どこから来たかを尋ねると『オオカラの国（古代・朝鮮半島南端の伽耶国）の王子、名はツヌガアラシト』と答えた。

さらに『日本にはすばらしい王がいると聞きやってきた。が、穴門《あなと》の国で会った人は王ではないと知り、浦々を巡り出雲の国を経て、ここに到着した』と答えている」

笥飯の浦から角鹿津になり、元明天皇の時、現在の敦賀になったようだ。ちなみに笥飯と古代に称する地は、丹波《たんば》・若狭《わかさ》・越前《えちぜん》とつながってあるので、領域の広い重要な地を意味したように思う。

若狭湾周辺の神社

北陸に分布するオオクニヌシノミコトの神話には、牛に対する信仰が大きくかかわっている。角が額にある人が出雲の国を経てきたというのも暗示的だ。もしかしたらオオクニヌシノミコトに引率されてきたのかもしれないと夢見ている。たぶん、季節は冬だろう。北西の強い風を二神はわがもの顔に乗りきって……。

今はツヌガアラシトは、敦賀の気比《けひ》神宮に祀られている。

敦賀《つるが》は角鹿《つぬが》

丹波から越前の入り組んだ海岸には、全国でも有数の港が続く。背後には近江国、山城国を擁す重要な地でもある。東から宮津、舞鶴、小浜、敦賀と並ぶ。中でも日本海の北西風を防ぎ、大きく湾曲するのが敦賀だ。

敦賀にある越前国一の宮が気比《けひ》神宮だ。石川県羽咋《はくい》市の「気多《けた》大社」にも感激したので、この気比神宮にも、大きな期待をもって参拝した。もちろん、ここでもオオクニヌシノミコトにあえるような気がしたからだ。

重要文化財の立派な大鳥居をくぐると、朱塗の柱の社殿に着いた。出雲大社と雰囲気が違うので「あれっ」と思った。これはやはり出雲とは関係ないのかな。

敦賀の地名由来の源となっている「角鹿《つぬが》神社」にもぜひと思い、足を向けた。すると、姿の美しい三角錐の山が社殿の背後に望めた。直感で、まず神はこの山に鎮座なさったのだろうと思った。

角鹿神社、児宮《このみや》、大神下前《おおみわしもさき》神社の三社が並んでいる。近づいてみると、大神下前神社の説明に「祭神大己貴命《おおなむちのみこと》、式内社、

大神下前神社

もと天筒山麓に鎮座されていた」とある。

あった。大己貴命とはオオクニヌシノミコトのことである。しかも背後の天筒山に鎮座なさっていたのだ。天筒山の由来は海の神の筒之男《つつのお》の神を祭ったためであり、人々は別名をつるが山ともみゆき山ともいったと『敦賀志』には記されている。筒は、星をさすとも考えられている。

江戸期の『遠目鏡』には「角鹿山、当津気比の明神の社有り。社、西向きなり。山は東にあり」とされる。西向きとは、たぶん、出雲大社の方を向いていたのだろうと考えた。

気比神宮は元来、笥飯《けひ》の大神がまします宮である。笥飯とは、豊かな食物、つまり、海の幸をさすようだ。現在は仲哀天皇を中心に祀られているが、その背後にオオクニヌシノミコトを感じるのは、余りにも考えすぎだろうか。

神名火山から石見・長門を見る（山口県）

平成八年十月十四日、雲南市加茂町岩倉から銅鐸《どうたく》が三十九個出土したというニュースは、全国版トップ記事で報道された。その十二年前の出雲市斐川町荒神谷の銅剣三百五十八本出土の時とまさに同じ取り扱いであった。荒神谷も加茂岩倉も今は遺跡公園として整備されているが、どちらも発掘当時は、奥まった谷の行き詰まりのような所であった。

荒神谷は、整備前の時、出土場所辺に登ってみたが、ひときわ高く見える山が仏経山であった。それは『出雲国風土記』では、神名火山（神様のおわす山）とされており、ぜひ一度登りたいと思った。大型農道もまだついていない頃で、軽自動車に乗り、荒神谷の裏道を仏経山への登山口を探して走り回ったように思う。仏経山の麓の池の横道か、それとも一本の大きな枯れ松の残る道（現在、登山口の表示あり）が登山口と後で確認した。

その後、昼間に時間があったので、山好きの女友達四人と行くことにした。国道9号を西へ走っていると、鉄塔を持つ、特徴のある双子山が南に見えたので曲がることにした。曲がる所にあるお店で、うどん、肉、もやしなどを買い込み、一路登山口に向かった。枯れ松を少し登った一軒家の庭に車を止めさせてもらって登った。晩秋の山道には、豊かなシダが繁り、所々に千両が赤い実をつけていた。四十分ほどで、頂上に着くと、さっそく持っていた道具で、味噌汁仕立てのうどんを皆でつついた。

晴れやかな空のもと、西の麓には斐伊川が流れ、その向こうには日本海がひらけ、眼下には出雲平野が広がっていた。美保神社

仏経山山頂元宮（「いづもの磐座」西山光顕著より）

の神楽舞の歌詞に仏経山のことが載っているとされるが、宍道湖の北には島根半島が西端から東端までくっきりと見えた。

「すべてをわすれるねぇ」「こんなひとときが要るねぇ」と女四人がワイワイガヤガヤ、世俗から離れておしゃべりを楽しんだ。金のかからぬ、心身の健康にもよい、手軽な気分転換である。

それから数ヶ月後、仏経山頂上に元宮があるとされる曽伎能夜《そきのや》神社の宮司さんのお話を聞く機会を得た。七十歳を優に超えていらっしゃる方のようであったが、「次の日曜、岩倉のある元宮へ参ります。あの岩には何か刻まれていると思います。また、頂上からは浜田まで見通せますからね」とおっしゃった。

よく伺ってみると、仏経山は双子山になっており、私たちが登ったのは東側で、鉄塔のある西側の山に元宮があったとされるようである。「浜田まで」ということは、逆に日本海の海上から仏経

支布佐神社（安来市吉佐町）

山を見れば、遠く浜田付近からでも目立つ山として、眺めることができるのかもしれない。今度はぜひ、山口県あたりの日本海上から仏経山を眺めてみたいものである。

支布佐《きふさ》社と吉佐《きさ》宮

安来市伯太町の人はよく「吉佐《きさ》に出る」という。吉佐というのは、米子市と安来市の境界で、中海に面した所である。

九州の彩色古墳の影響を受けたといわれる「穴神さん」と呼ばれる古墳が安来側にはあり、縄文時代から連綿と続く、人々の住み着いた跡のある陰田《いんだ》遺跡が米子側にはある。

ここに『出雲国風土記』に載る「支布佐《きふさ》社」がある。細い山道の中腹に鎮座している。久しぶりの「風土記を訪ねる会」の席上で、岐比佐都美《きひさつみ》と支布佐は何か関係があるのかが話題になった。私も「支布佐」の意味を考えるときに、その関連を思い付いていた。斐川町の人に「斐川に地名でキサと呼ばれる所はないですか」と尋ねてみた。「ない」とのことだった。

岐比佐都美命とは、斐川町にある曽支能夜《そきのや》神社の神様である。『古事記』では「出雲の国造の祖」とされ、垂仁天皇の皇子、本牟智和気《ほむちわけ》命を出迎える神様である。

『出雲国風土記』の「出雲郡出雲郷」には「支比佐社」も載っている。現在は斐川町下阿宮に鎮座する。

斐川町も、安来市吉佐も、古代において、船泊まりするには好適地のようである。だから、今も古代遺跡の豊かな土地なのであろう。

曽支能夜神社の摂社（出雲市神氷）

丹後に興味をもち、何回か、丹後半島を訪れたことがある。丹後半島といえば、有名な「天橋立《あまのはしだて》」がある。大学一年の時、一人でふっと立ち寄って、いわゆる「またのぞき」をして景観を楽しんだ覚えもある。

天橋立の根幹ともいうべき所の北端に、丹後一の宮である「籠《この》神社」がある。京都府宮津市である。古代においては、「天橋立」は、この神社の境内であり、参道であったという。

「籠神社」は、伝承では、彦火火出見命《ひこほほでみのみこと》が竹で編んだ篭船《かごぶね》に乗って、海のかなたの海神の宮（これを籠宮とか、常世とも呼ぶ）に行かれたというので、社名を籠宮というといわれている。

この神社には、国宝である海部氏の系図があり、それによると、宮司家は、古来、海部直《あまべのあたい》と呼ばれ、丹後国造としての伝統をもっている。この「籠神社」の古称が「吉佐宮」である。

「吉佐」あるいは「支布佐」「支比佐」が何を意味するのか不

明だが、古来、海部氏族に関係し、「海から渡来した地」の意味を持つように思われる。丹後半島には、日本海沿いでは、最大の二〇〇メートル級の古墳が三基も存在する豊かな地である。一度この航路を「海人族のように船で旅できればなぁ」と思う。

因伯御手船――柴山港・竹野港

U先生から、また島根半島巡りのお誘いがあった。前は日本海から島根半島の西よりの恵曇《えとも》まで見たので、今日は恵曇より東を中心に見てみようということになった。嬉しい。だって、またとない機会に恵まれるわけだから。U先生とY船長に感謝する。

朝七時、港に集まったメンバーは前と同じで十人ほど。Y船長のいわれるとおり、みんな日頃行いのいい人ばかりのようで、今日もこれ以上はないというベタ凪《なぎ》。船は時速三〇キロ程度で一路東へと向かう。

多古鼻の七つ穴をみんなで指さしながら数えて、船は休憩のため稲積《いなづみ》漁港へ入る。船長さんの配慮である。海水浴客を横目でみながら、美保関港へと向かう。まずは美保神社に詣でて、今日の航海の無事に感謝をするためである。

少し航海にくたびれた頃に、船は地蔵崎を回って、美保関港へと入っていった。船で美保関へ行くのは初めてである。あっと思ったのは、船が港の岸壁についた時、港の入り口の正面にそびえたつ大山が見えたことである。船から見たのでよけいに、海の人々と大山の結び付きを強く感じたのかも知れない。そういえば『出雲国風土記』では、火の神岳（大山）も、夜見の島（弓浜半島）もまるで出雲の国のように記されている。

和那佐意富曽神社（徳島県海陽町）

参詣のため、美保神社への石段を上りながら、石垣に刻まれた文字を何気なく見て行った。大きな石柱には『因伯《いんぱく》御手船《おてせん》』と彫られている。そこには出雲の文字はみえない。小さな何本もの石柱には、ほとんど「香住、柴山」と彫られ、その下に船長さんの名前が刻まれている。中に一本「竹野」もあった。

帰ってから地図をみると、兵庫県の香住《かすみ》町柴山《しばやま》港のことであり、その隣の竹野港のことである。それ以外には「岩美」もあったような気がする。山陰沿岸で北西風を避ける風待ち港として良港なのは、出雲では宇竜と七類、兵庫では柴山と竹野である。

それ以外の港は、ほとんど港が北西に開いているので風よけにはならないようだ。もちろん美保関港は、島根半島を回って、半島の南に位置するのだから、最高の良港である。

『出雲国風土記』の美保郷には次のように書かれている。「大神が高志《こし》の国にいらっしゃる奴奈宜波比売《ぬながわひめ》にお逢いになって、お生まれになった神が、御穂須々美命《みほすすみのみこと》で、この神がこの美保郷にいらっしゃる。だから美保という」。

高志の国は、能登半島を越えた北陸地方で、奴奈宜波《ぬながわ》は、今の糸魚《いとい》川とされている。

美保は、日本海では重要な地だったのである。

「和《わ》那《な》佐《さ》意《お》富《ほ》曽《そ》神社」（徳島県）

和那佐意富曽神社（徳島県海陽町）

松江市宍道町和名佐《わなさ》にある「和名佐神社」をご存じですか。実はこれと同じ神社が、徳島県海部郡海陽町大里にある。不思議。そこで、徳島県に行って来た。「和《わ》那《な》佐《さ》意《お》富《ふ》曽《そ》神社」

那佐湾（徳島県海陽町）

という。

和那佐という地は『阿波国風土記逸文』では「奈佐の浦」と書かれており、現在は、那佐湾といい、風光明媚《めいび》で、古代からの天然の良港だったようだ。余りに素晴らしいので、現在は国定公園に指定されている。

この一帯は崖状の山が、海に迫っている上に、沖合にまで暗礁が見え隠れする、航海には危険な海域である。が、四国の東の突端部・蒲生田《がもうだ》岬から、南の突端部・室戸《むろと》岬までの中で、最大の平野をもつと同時に、停泊可能な良港として、古代から開拓されていた地である。

言い伝えによると、神功皇后が朝鮮半島へ出征された帰途、この奈佐の浦で休むことができ、大変喜ばれたという。

「和那佐意富曽神社」の天宮は海陽町の大宮山にあったといわ

室戸阿南海岸（徳島県海陽町）

れる。そこに登ってみると、東は阿南市の橘湾から、西は宍喰町《ししくい》の甲浦港まで見えそうである。たぶん、この領域が「那佐」だったのだろう。橘湾の沿岸には「那波江」という地名も残っている。

大里には県南最大の古墳があるし、隣の四方原からは中国古銭が数万枚出土している。

「和那佐意富曽神社」の「意富曽」は何を意味するのだろう。「意富曽」は海部族をさすという説もあるし、「阿波の国」の前身「長の国」をさすという説もある。「長の国」は出雲系海部族という研究者もいる。そういえば、宍喰町・海部町・海陽町・牟岐町・日和佐町・由岐町の海岸部には今でも各町に数十名の「大黒」を姓にもつ方が住んでおられるが、それには関係しないだろうか。

雲南市大東町北村の船岡山には「阿波枳閉委奈佐《あわきへわなさ》比古命《ひこのみこと》（阿波の国からいらっしゃったワナサヒコノミコト）」が祀られている。

古代から、島根県と徳島県は交流があったことは確かである。

各地にある船丘《ふなおか》

県道24号を松江から大東へ向かう途中に見える山が船岡山である。大東から仁多への大仁農道を横目で見ながら通り過ぎるとすぐに、小さな立て札が見え、いつも何だろうと気にかかっていた。友人と二人で雲南の古代遺跡を訪ねて歩こうと、私が運転して通りかかった時、「何だろう、降りてみる?」と言うと、すぐ「うん」と返事がかえってきた。

なだらかな丘陵を階段を伝って登ると、海潮

の北村・南村全体が見渡せ、松江へも仁多へも大東へも和名佐へも通じる重要な位置だということがわかった。奥行きは五〇㍍ほどで、頂上には船林神社が祀られている。中世に衰微したのを近世に高島大助・黒田与左衛門などにより再び建立されたと立て札にあった。

『出雲国風土記』には、次のように載っている。「船岡山。阿《あ》波枳閉委奈佐比古命《わきへわなさひこのみこと》の曳《ひ》いて来て、お置きになった船が、この山である。だから、船岡という」

そういえば、遠望すると、まるで大きな軍艦をひっくり返したような奇妙な形をした山である。その上に、アワキヘワナサヒコって、どういう意味で、どんな神様だったのだろう。

『播磨国風土記《はりまのくにふどき》』を見てみることにする。あった。最後の美嚢《みなぎ》郡の志深《しじみ》里の所に、「イザホワケノミコトがここの井戸で食事を

手前の丘が船岡山（雲南市大東町）

なさったとき、シジミ貝が弁当箱の縁に上がってきて、『これは、阿波の国のワナサで食べた貝だ』とおっしゃったので、ここをシジミ里というようになった」とあります。

託賀《たか》郡支閇《きへ》丘は「宗形大神《むなかたのおおかみ》が『子産むべき月、きへぬ』とおっしゃった」とあり、「きへ」は「やってきた」の意味という。

まだまだ『播磨国風土記』を探してみると、とうとう船丘もあった。餝磨《しかま》郡船丘は「大汝命《おおなむちのみこと》が御子神に大波を起こされて船がひっくり返ってしまったので、そこを船丘という」とある。揖《い》保《ぼ》郡上岡《かむのおか》には、「その乗らせる船を伏せておかれた。丘の形、船の伏せたのに似ている」とまで書かれている。

まとめて想像してみると、阿波の国からいらっしゃって、この地で戦いがあり、船を置いて和名佐にお移りになった神様のようでもある。遠い海の彼方から出雲へも幸をもたらした神のようにも想像できる。現在、隣の宍道町には和名佐という地もある。船通山・船上山と船のつく山は多いが、これらの山々を製鉄と関連付けて解釈される研究者もある。見るたびにロマンを誘う山であるが、近くには海潮温泉もあり、ゆっくりお湯につかって古代にあるいは兵庫県に、徳島県に思いをはせるのも一興と思う。

「伊予豆比古命《いよずひこのみこと》神社」（愛媛県）

松山市の友人宅に宿泊した時のことである。「松山で一番有名なのは、椿神社よ」。友人宅の近くに祀られている。友人と行ってみると、椿神社は通称で、正式には「伊予豆比古《いよずひこの》命《みこと》神社」だった。伊予の国を統括する神を意味するようだ。全国の名士の名を刻む石柱で瑞垣が作られ、神社をぐるりと囲む威

伊予豆比古命神社（愛媛県松山市）

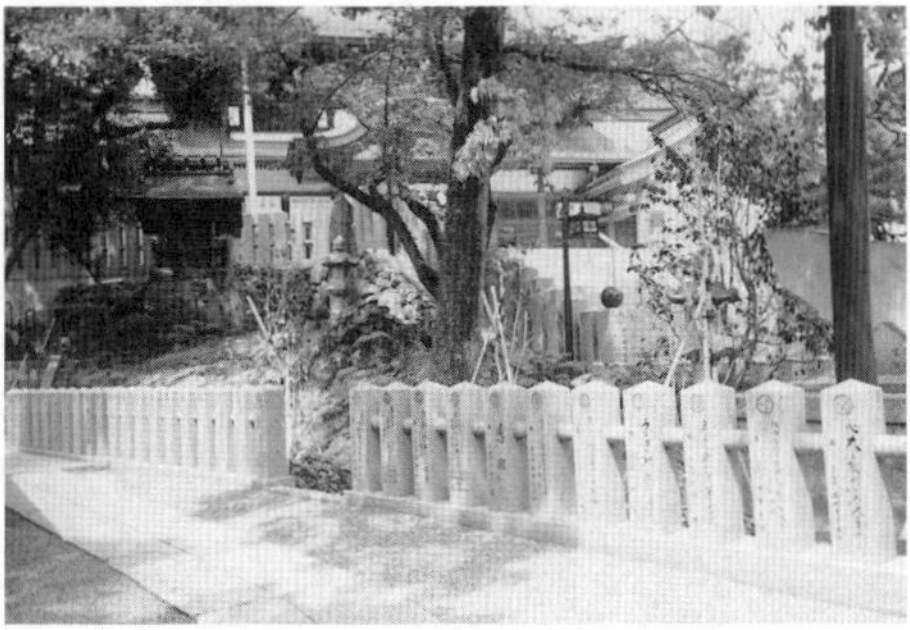

「船岡山—伊予豆比古命がかつて祀られていた岡」

容は、初めての者を圧倒する雰囲気を持っていた。

ゆっくり参拝して階段を下りながら瑞垣の横をふと見ると、細長い土盛りが施されている。標識には「船岡山——伊予豆比古命が、かつて祀られていた岡」と書かれている。

その岡の姿が、雲南市大東町北村にある船岡山にそっくりなのに驚かされた。以前から、何故あんな山の中の場所に「船岡山」の地名がついたのだろうと疑問に思っていた。『出雲国風土記』に載る古来からの地名でもある。

偶然とはいえ、共通する「船岡山」に、何か意味があるような気がして、『播磨国風土記《はりまのくにふどき》』を調べてみた。「船岡山」が二カ所載っていた。

「揖保《いぼ》郡上岡《かみおか》の里（たつの市）。出雲の国の阿菩の大神が大和の国の畝火《うねび》山・香具《かぐ》山・耳梨《みみなし》山の三山のけんかを止めようとやっ

てきて、ここまできて、けんかが終わったと聞き、乗っていた船をふせなさった」。岡の形は船をふせた形に似ている。

「餝磨《しかま》郡伊和《いわ》の里の船丘（姫路市）。昔、大汝命《おおなむちのみこと》が、御子の火明命《ほあかりのみこと》に波風を起こされて、自分の乗る船を打ち破られなさった。だから、ここを船丘と名づけた」

松山市の椿神社も、雲南市大東町の船岡山も、そういえば、船を伏せた形をしている。「船岡山」の地名には、船を伏せたことを、伝承にもっているように思われる。

船を伏せるのは、どんな時だろう……。出雲市平田町の漁師さんに聞いてみると、木船は長期に停泊する時は、必ず浜にあげ、伏せておいたとのことだった。

松山市、大東町、たつの市、姫路市は各々、海辺に近く、交通の要地でもある。昔々、神々がそれらの地にたどり着き、とどま

粟島（米子市彦名町）

りなさった土地のように考える。

愛媛県・大洲市の梁瀬《やなせ》山

野生の生態がいつでも観察できるので有名な米子市の水鳥公園は、彦名町にある。隣の粟嶋《あわしま》神社に少彦名命《すくなひこなのみこと》が祀られているからついた名前だ。『伯耆国《ほうきのくに》風土記逸文』によると、少彦名命がここから粟の実に乗って、常世《とこよ》の国に行ってしまわれたという神話が残っている。

彦名町の粟島も『出雲国風土記』には、出雲の国として記載されているが、もう一カ所、出雲の国には「粟嶋」が載っている。現在の美保関町惣津湾北方の青島のことだ。その西隣にある大崎鼻という突端部は、『出雲国風土記』では勝間埼《かつまさき》と記されている。

少彦名神社（愛媛県大洲市）

『阿波国《あわのくに》風土記逸文』によると、勝間とは阿波の方言で、櫛《くし》を意味するという。そういえば美保関町の大崎鼻の入り組んだ形は、縄文時代の櫛の形に似ている気がする。

少彦名命は、人の指ほどの小さな神様で、『古事記』によると、海の向こうからやって来て、出雲の国を大国主命と力を合わせてお造りになったという。

「粟嶋・勝間埼」の地名から考えると、少彦名命はもしかしたら、日本海・瀬戸内海を通り、四国からいらっしゃったのかもしれない。そう思って四国の地図を広げてみると、愛媛県には少彦名命を祀る神社が多い。もちろん、大国主命を祀る神社も多いけれど……。

愛媛県で一番有名な少彦名命を祀る神社は、大洲市菅田町大竹にあり、梁瀬《やなせ》山の山頂に鎮座なさっている。大洲市は周囲に神南《かんなび》

少彦名神社本殿（愛媛県大洲市）

山・紅葉山・高山・梁瀬山などを巡らせる盆地で、中央を肱《ひじ》川が蛇行する肥沃な地で、多くの弥生式土器などが出土している地でもある。

少彦名命は、道後温泉から大洲へ南下され、各地で施薬、祭祀をなさったが、肱川を渡ろうとしてお亡くなりになったと伝えられる。

梁瀬山には、八合目に神陵があり、六合目には三㍍の巨石群があり、信仰の対象となっている。この特異な巨石群は少彦名命の伝承をもつ山々にも存在し、沿岸の航海や漁労の目標にもなっていたようだ。少彦名命も海の神様のような気がする。

少彦名神社辺の少彦名温泉（愛媛県大洲市）

少日子命《すくなひこのみこと》と粟《あわ》

平成八年の八月にはじめて妻木晩田《むきばんだ》の洞《どう》の原遺跡に行った。説明の概略を聞いた後、発掘調査員の方がいよいよ青いシートをはぐる前に、「まず、正面を見て下さい」とおっしゃった。そこには広々と続く日本海があった。

それから四年後の八月に久しぶりに訪れた。目の前の木々はかなり切り払われ、景色はますます雄大になっていた。

その夜は皆生温泉に一泊し、翌日の朝早く米子市の水鳥公園の隣の粟嶋神社に参詣をした。百八十七段の階段を一気に登るのは息が切れる。昔は離れ小島だったと考えられるので、ここに船をつけ、山頂にお参りするのは、並大抵ではなかっただろうと思わ

粟嶋神社「八百比丘さん」（米子市彦名町　佐々木由紀子氏提供）

れた。

「伯耆国風土記逸文」には次のように載っている。「少日子命《すくなひこのみこと》、粟をまきなさったところ、穂の実りがよく、穂が垂れ下がった。そこで、粟にのって常世《とこよ》の国にはじかれ、渡りなさった。だから、ここを粟島という」

常世の国——日本海の大海原の向こうに在るというすばらしい国をいう。そういえばこの辺は少日子命にちなんで彦名町と名付けられている。

標高五〇メートルほどの高さから、東西南北の景色を楽しんだあと、階段を下りると、社務所がある。そこで『縁起』の冊子をもらって読むと「八百比久尼《やおびくに》伝説」もこの粟島にはあり、北陸地方とのつながりも想像できた。

ふと社務所の垂れ幕を見ると、そこに御神紋が描かれている。

粟嶋神社御神紋（米子市彦名町）

麦の穂のような形であるが、まさしく粟である。写真に一枚収めておいた。

数日後、出張で松山に行くことになった。同行の方が車で行くと言われるので便乗《びんじょう》させてもらうことにした。「しまなみ海道」を通るとのこと。じっくり地図を見ると、尾道、向島、因島、生口島、大三島、伯方島、大島、来島、今治のコースである。瀬戸内海全体でも一番、島の入り組んだ所で重要な地である。

「村上水軍資料館に連れて行って下さい」とお願いした。大島の小さな公民館の二階にあった。船団、文書に交じって鎧《よろい》、兜《かぶと》、裃《かみしも》も陳列されていた。村上水軍の紋は一応は㊤である。

順々に見て、ある裃の前に来て、はっとした。裃についている紋が「粟嶋神社」と同じ粟の紋がついていたからだ。少日子命がはじかれてお渡りになった常世の国はどこか分からないが、海に

忌部神社（松江市忌部町）

つながる各地にありそうである。松山の道後温泉の由来も少日子命の神話となっている。

（注）粟島は『出雲国風土記』では「出雲国」に入っており、少日子命と大国主命の力で出雲の国は造られたとも記されている。

忌部《いんべ》神社は四国に在る

「忌々《いまいま》しいなあ」って、どんな時に使う言葉ですか。「まぁいやだ。まぁ、あきれた」の意味でしょうか。「忌中」とは「亡くなった人への服喪」を示すようです。

古代語に「いみじ（忌みじ）」という語がある。「程度のはなはだしいことを表す」の意で、英語で言えばスーパーマンのスーパーにあたるだろうか。「人知を超える凄さ」を意味する。

和名佐神社（松江市宍道町）

『出雲国風土記』の中に「忌部神戸《いむべのかむべ》」という所がある。「国の造《みやつこ》が、神吉詞《かむよごと》を奉するために、朝廷に参向かう時のみそぎの忌玉《いみだま》をつくる」所で、松江市玉湯町の玉造温泉付近である。

温泉の東側の花仙山は、めのうの産出で日本一を誇った所である。今も玉作りの技術が伝えられ、管玉《くだたま》や勾玉《まがたま》を作る。特に勾玉は縄文時代には日本ではすでに在ったといわれ、日本独特の形ともいわれる。

古代ではどのようにして作ったのだろうか。「出雲石」と呼ばれる花仙山の碧玉を、たたき石でだいたいの形に打ち欠き、その後、砥石で磨く。筋砥石、くぼみ砥石、平砥石を使って外側の形を整える。内側、特に勾玉の場合は、内磨き砥石で、きれいな『C』の字形にするという。

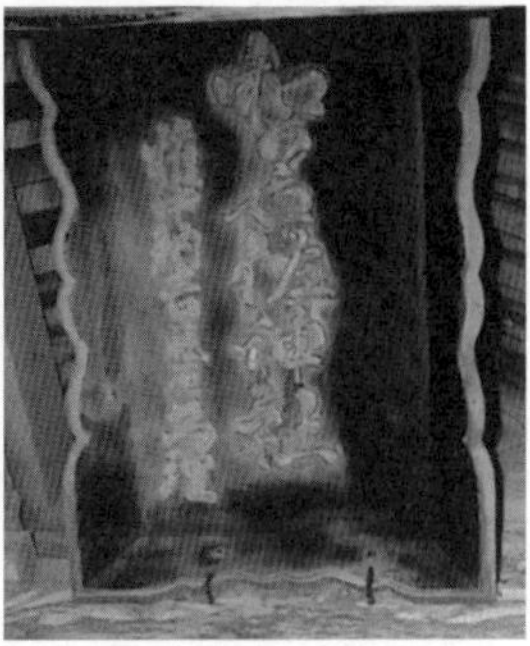

和名佐神社（松江市宍道町）

内磨き砥石は特別な石で、近くでは四国の吉野川流域に産出する石なので、古代でもきっとそこから「忌部神戸」に運ばれたと考えられる。玉作湯神社の出雲玉作跡出土品収蔵庫には、香川県綾歌郡産の石が納められている。この石の産地は古代においては阿波の国にあたり、忌部神社という大きな力を持った神社が古代には在った地である。

「忌玉」とは、つまり人知を超えた凄い威力を持つ勾玉のことであり、阿波の国の忌部氏と関係のある玉のことかもしれない。玉湯町の隣町（宍道町・大東町）には、阿波からやってきた和名《わな》佐比古《さひこ》という神様が祀られている。玉作りの里は何か四国と深い関係のある里である。

福山鞆《とも》の浦の「沼名前《ぬなくま》神社」

『備後国風土記』について書いてみる。

広島県福山市を二日間の日程で歩いて来た。一日目は鞆の浦、二日目は芦田川流域の神辺平野を中心に歩く。

どちらにも、須佐之男命《すさのおのみこと》を祀った有名な神社がある。どちらも『備後国風土記』に登場する須佐之男神話に関係する神社である。

鞆の浦についてまず書いてみたい。

さて、『備後国風土記』に載る神話である。「北の海にいた武塔《むとう》の神が、南の海の神の娘を妻に迎えようと訪ねます。その途中の疫隈《えのくま》の国で、宿を求められました。まず、金持ちであった巨旦《こたん》将来《しょうらい》の家を訪ねられましたが、拒絶されました。その兄の蘇民

将来は貧しかったのですが、快く引き受け、あわ飯をさしあげました。やがて、数年後、武塔の神は、八人の御子を連れてお帰りになり、兄におっしゃいました。『吾は、ハヤスサノヲの神ぞ。後の世に疫病がはやったら、蘇民将来の子孫だと言い、茅《ち》の輪をつけた人は、免れるだろう』。事実、その夜のうちに巨旦将来の一家は蘇民の娘一人(巨旦に嫁いだ娘のこと)を残して、ことごとく死に絶えてしまいました」。

「備後史探訪の会」の方が、鞆の浦を案内して下さった。

鞆の浦は、瀬戸内海のちょうど真ん中に位置し、東と西との海流がぶつかる所で、どうしても船はここで潮待ちをしなければならないそうである。ここには、平安時代の『延喜式』に載る「沼名前《ぬなくま》神社」がある。

ここには沼隈《ぬなくま》半島と名付けられた大きな入江もある。だから「沼名前」は沼の奥まった所という意味かもしれない。それが、いつのころからか「疫隈」の社となったようである。また、須佐之男命が南海へ船出の際、この地に舟着けしたともいわれている。

この神社は、御祭神が大綿津見命《おおわたつみのみこと》と須佐之男命で、備後の三大祇園宮の一つで、御手火《おたび》神事という火祭も行われる。松で作られた長さ四・五メートル、重さ二三〇キロの三体の、大手火に点火された神火は、裸の青年たちに担《かつ》がれ、三〇メートルの石段を一時間半かけてあげられ、社前に祀られる。

出雲の国にも、須佐之男命を祀る社として有名な熊野大社がある。「熊々」は元来、「光の明るさが盛んで輝きのあるすばらしい様子を賛美」した気持ちを表す語のようだ。「沼《ぬ》」は「瓊《ぬ》」のことで「玉の石」を表すという説もある。

「ぬなくま」とは「すばらしい石を燃やすこと」かもしれない。

総社市蛇円山の麓の石畳神社の鳥居

いずれにしても、須佐之男命は、火に関係する神で、威力猛々しい神のようである。

備後《びんご》国の素戔嗚命《すさのおのみこと》

『備後国風土記』に載る素戔嗚命《すさのおのみこと》の神話を続ける。

備後の国には、三大祇園宮がある。そのうちの二社は、平安時代の『延喜式《えんぎ》』にも載る由緒ある神社だ。一つが、鞆《とも》の浦にある沼名前《ぬなくま》神社で、もう一つが、広島県福山市新市町にある素戔嗚神社である。前者はお手火神事、後者はけんか神輿が有名で、どちらも勇壮そのものというお祭りである。

『備後国風土記』には、蘇民将来伝説が書かれている。「武塔の神が、旅の途中の疫隈《えのくま》の国で、一夜の宿を求めます。裕福な弟

石畳神社の磐座

は拒絶しますが、貧乏な兄の蘇民将来は、快くもてなします。その後、武塔の神は再び訪れ、自分は速須佐雄神《はやすさのお》だと告げます。疫病が流行したら、茅《ち》の輪をつけ、蘇民将来の子孫だと言えば、免れるだろうと、兄に教えます。こうして蘇民将来の一族は生き延びた」と伝えている。

福山市の素戔鳴神社には、拝殿の南側に蘇民神社があり、その横には、疱瘡神社もある。伝説では、ここが蘇民将来の屋敷跡であり、ここから旧暦の六月三十日の夜、「夏越《なごし》」の行事として行われる「茅の輪くぐり」が広まったとされている。

この地は古代に「江熊《えのくま》の里」とか「江隈《えのくま》」と呼ばれていた。たぶん瀬戸内海の「穴の海」の入り江であったと推定され、また交通の要所として「江熊市」の栄えた所だったといわれる。

今度の備後の旅は「備後史探訪の会」の方に案内をしていただ

いた。他に『延喜式』に載る二つの古社、神辺城《かんなべ》の横にある「天別豊姫神社《あめわけとよひめ》」と蛇円山《じゃえんざん》の麓の「石畳神社」にもつれて行っていただいた。こま犬も社殿造りも出雲とはまるで違い、異国の社を拝むような雰囲気を味わった。

神社だけでなく、古墳も案内してもらった。芦田川沿いにある、古墳時代の後期から終末期にかけての大型古墳である。主なものとしては、大迫古墳、北塚古墳（福山市駅家町）と、尾市古墳（福山市新市町）である。尾市古墳は、中に入ると十字形の石郭で、しかも正面の形は八角形という特異な古墳である。この形は奈良県にある天武・持統天皇合葬陵によく似ているので、畿内の政権とこの頃、強く結び付いたと考えられている。

全国の素戔嗚命をお祀りする神社を調べると、備後・備中が群をぬいて多く、二千社に近いといわれる。芦田川をさかのぼると三次盆地に出る。三次盆地の北隣は飯南町。そこには垂仁天皇のときに大和の国に出かけて、当麻蹴速《たいまのけはや》を投げ飛ばした野見宿禰《のみのすくね》のいた土地だともされている。どうやら、この辺に出雲—備後—大和のルートがあったとも考えられる。

荒砂神社（岩美町浦富海岸）から向島（恵美須神社）を望む

八上比売《やかみひめ》の背景

もうすぐ夏。夏には船の遊覧が最適だ。山陰海岸で一番の名所は鳥取県岩美町の浦富《うらどめ》海岸のように思う。宮城県の松島にも匹敵する美しさを持っている。

岩美町を探索する会があったので参加した。古代から有名な漁港・網代《あじろ》港から出発して浦富海岸へと向かった。網代港には蒲生川と小田川がそそいでいる。松の生えた美しい岸壁

売沼神社（鳥取市郡家町）

を見ていると、案内の方が「よく見ると、岩が荒れているのがわかります」とおっしゃった。

浦富海岸の次は、小田川をさかのぼって、荒金《あらがね》鉱山の廃鉱を見学した。「この小田川は、赤川と言って、銅によって魚の住まない川になっていました」と案内の方。荒金鉱山の中は、石見銀山に劣らない大きなもので、古くから掘り尽くした感があった。

最後は岩井温泉だ。その近くに岩井廃寺跡と御湯《みゆ》神社があった。御湯神社は別名・御井神社といい、御祭神は大国主命と八上比売《やかみひめ》と木の股の神だ。斐川町の御井神社と全く同じ御祭神なので驚いた。

調べてみると、荒金鉱山は、文武二年（六九八年）に奈良に銅を献じたと『続日本紀』（七九七年に成立）に記された鉱山だ。近くから銅鐸《どうたく》も出土している。また、八上比売を祀る売沼《めぬま》神社（鳥

大野見宿禰命神社（鳥取市）

取市曳田）の近くには、土師百井《はじももい》廃寺跡があり、土を扱う人々である土師氏の根拠地ともされている。土師氏とは埴輪の創案をしたと伝えられる野見宿禰《のみのすくね》で有名な部族でもある。近くに大野見宿禰命神社もある。

帰りに、鳥取市の南の国府町の宇倍神社へ行ってみた。鳥取藩主代々が眠る墓所である。その神官が代々、伊福部《いふきべ》氏だと分かった。伊福部氏とは、金銀銅鉄を吹き分ける技術集団をさすと言われる。

八上比売を奉斎する集団は、単なる漁民ではない。これらから、土や火を巧みに扱い、鉱石を選鉱、製錬する技術をもつ集団でもあったように思う。『出雲国風土記』には、御井社が二社記載されている。特に斐川町の御井社はこの集団と関連がありそうである。

出雲の「御井《みい》神社」

長い船旅にすっかりお疲れになった八上比売《やかみひめ》だったが、湖のかなたにそびえる出雲の大社をご覧になると、ひと安心なさった。故郷と同じ湯煙も立ち上り、身重《みおも》のヒメはゆっくり温泉に身をひたされ、いっときの安らぎを覚えられ、無事に御子神を出産なさった。

その場所は、現在の出雲市斐川町の湯の川温泉だといわれている。そこから西に四キロの場所に御井《みい》神社がある。御祭神は、大国主神《おおくにぬしのかみ》・八上比売・御井神である。御井神は二神の間に生まれなさった御子神である。

このお話は『古事記』に載っている神話であるが、『出雲国風土記』にも「御井社」と記載されている。この「御井社」の旧社地と思われる発掘が行われ、出雲大社に次いで注目された。それは八世紀ごろと思われる九本の柱穴が出土し、しかもその拝殿に相当するとも考えられる建物跡も出土したからである。標高二六メートルの眺望豊かな場所である。

その神社跡地のふもとからは、たくさんの墨書土器が発見され、それには「三井」と記されていた。

祖母の故郷を訪ねて、鳥取に行った時のこと、そのついでに岩美町の岩井温泉にまで足をのばした。そこの三島谷墳丘墓が四隅突出型ではないかと話題になったことや、白鳳期と思われる岩井廃寺の礎石も見たかったからである。

山陰有数の名港の網代《あじろ》港から蒲生《がもう》川を上り、小田川との合流地点が新井である。ここに出雲特有とされる四隅突出型の三島谷墳

御湯社（鳥取県岩美町）

丘墓があり、また、この新井からは神戸市桜ヶ丘から出土したのと全く同じ鋳型《いがた》で造られたとされる弥生期の銅鐸が出土している。

新井から蒲生川を上ること三キロに、岩井廃寺跡がある。そろそろ夕方になり、岩井温泉の湯煙がほの白く見えるころ、旧岩井小学校の校舎前にある礎石にたどりついた。「大きい！」。さすが全国最大といわれるほどの大きな礎石である。五重の塔だったかもしれない。

ふと見ると鳥居があり「御湯《みゆ》神社」とある。由緒書きを読んで驚いた。御祭神は大国主神・ヤカミヒメ・御井神である。元来の「御井社」が、後世「御湯社」となったとある。

『古事記』によると、因幡の白兎を助けなさった大国主神を好きになられたヤカミヒメは、出雲の国まで訪ねていらっしゃった

岩井廃寺礎石（鳥取県岩美町）

とある。

山陰沿岸では出雲市大社町（三本柱出土）・出雲市斐川町（銅剣三五八本出土）・雲南市加茂町（銅鐸三九個出土）・松江市（田和山遺跡）・大山町・淀江町（妻木晩田遺跡）・青谷町（青谷上寺地遺跡）の各地で発見された弥生の遺跡がそれぞれに注目を集めている。ヤカミヒメのお話もこの弥生ルートを証明する一つなのかもしれない。

御井神《みい》は八上比売《やかみひめ》の御子《みこ》神

斐川町にある「御井社」というのは、単なる「井戸」あるいは「水」を祀る神のようにずっと思っていた。どちらかといえば、日常生活に大切な水を崇敬する信仰を表していると考えていた。

メモ〈地名の読み方〉

荒神谷遺跡《こうじんだに》

加茂岩倉遺跡《かもいわくら》

田和山遺跡《たわやま》

妻木晩田遺跡群《むきばんだ》

青谷上寺地遺跡《あおやかみじち》

西谷墳丘墓群《にしだにふんきゅうぼぐん》

山陰の弥生遺跡

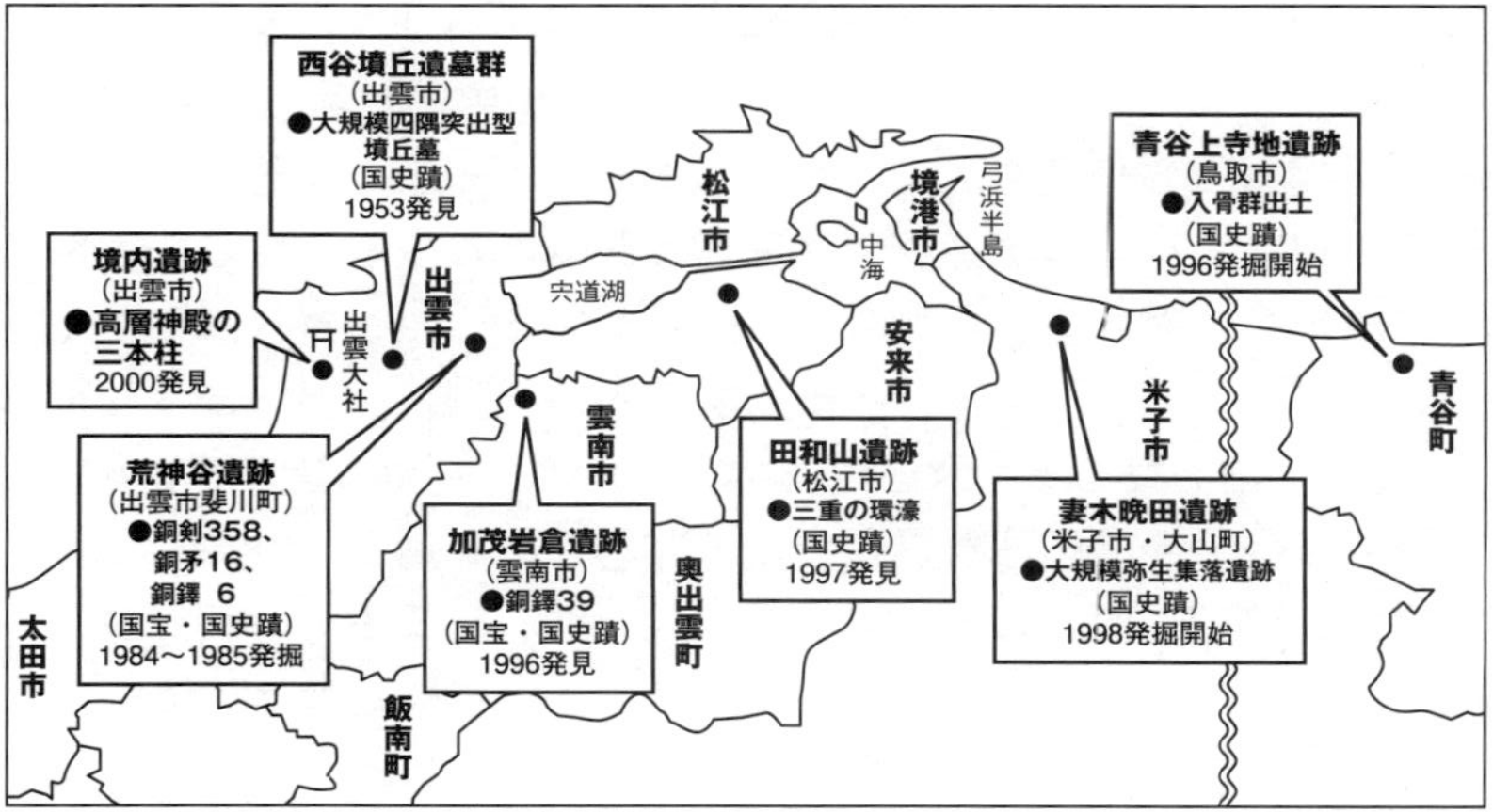

が、鳥取県岩美町にある「御湯神社」、別名「御井神社」の背景を調べるうちに、もう少し工業的技術集団の信仰の意味もあるように思われてきた。

岩美町も斐川町も、どちらの「御井社」も奈良時代の『延喜式』（九二七年成立）に載る古い神社で、御祭神も大国主命・八上比売・御井神の三神を祀っている。御井神は別名、木の股の神ともいい、大国主命と八上比売との御子神である。

兵庫県にある三つの「御井社」も含めて「御井社」の近くには必ずといっていいほど有名な鉱山が存在するように思う。その上近くから銅鐸《どうたく》も出土している。もちろん、兵庫県の「御井社」も『延喜式』に載る古社である。

地名や神社、あるいは古い文献を調べてみると、それらの「御井社」には土師《はじ》氏といって、土や火を扱うのに優れた集団が居住

秋鹿神社（松江市秋鹿町）

していたことが推測されるし、伊福部氏といって、金・銀・銅・鉄の選鉱や精錬に優れた集団も居住していたようである。これらの技術に絶対欠かせぬものが水であり、木の股であったような気がする。

『出雲国風土記』には「秋鹿郡」にも「御井社」が載っている。現在は松江市秋鹿町の「秋鹿神社」に合祀《ごうし》されている。

島根半島の北山は、東部では五世紀頃の製鉄跡が確認されているし、西部では古代より有名な銅山も想定されている。また近世ではあるが、松江城の瓦は、北山山地の冬の寒さにも夏の暑さにも強いとされる土から作られている。

秋鹿町に隣接する志谷奥遺跡（松江市鹿島町）からは銅鐸が出土している。これも偶然かもしれないが、古代では岩美町周辺も、秋鹿町周辺も「大野郷」と呼ばれ、交通の要地でもあったらしい。

御井《みい》神社の旧跡

『万葉集』に、「藤原宮御井歌《みいのうた》」というのがある。作者ははっきりしないが、七世紀に持統天皇が造られたという宮殿の中にあった、御井（井戸のこと）を歌ったものである。

長歌形式で作られているが、最後の三句は「水こそは　とこしえならめ　御井《みい》の真清水《ましみず》」となっている。「高く、天にそびえる御殿、その藤原の宮の清らかな、井戸水こそは、いつまでも変わらずにあることだろう」の意味である。

ある時、テレビで沖縄の西表《いりおもて》島の民俗風習について放映していた。

正月に海で水浴びする意味についてである。沖縄ではそれを「す

御井社（出雲市直江町）

でぃ水」と言い、その意味は「脱皮する」だそうだ。遠く香港でも、中国の雲南省のタイ族でも行われる風習で、「新しい生命力を身につけたい」という意味があると聞く。

さて、『出雲国風土記』にも、「御井神社」が二カ所登場する。一つは「秋鹿郡・御井神社」（現在は松江市秋鹿神社に合祀されている）、もう一つは「出雲郡・御井神社」（現在は出雲市直江町にある）である。

前者の主祭神は、罔象女命《みずはめのみこと》で、平安時代の『延喜式』にも載る神社であったが、中古のころに衰え、秋鹿神社に合祀されたようである。罔象女命という神様は、水の神様である。

後者の主祭神は、木俣神《きのまた》である。境外神社として「生井《いくい》」「福井《ふくい》」「綱長井《つながい》」の三つの井戸があり、それぞれに祭神が祀られている。『古事記』によると、「因幡《いなば》の八上比売《やかみひめ》が、出雲の大国主大神様と結ばれなさり、大神様を慕ってこの直江の里までいらっしゃいました。そこで、急に産気づかれ、木俣神を安らかにお産みになさいました」という神話がある。木俣神の産湯を「御井」と名づける。

秋鹿郡も出雲郡も湖に近い場所である。どちらの「御井」も、その真清水を使うことは人々にとって「新しい生命力を身につけ、清らかなとこしえの活力を戴く」ことを意味したようだ。

出雲大社の大国主大神様は、西の日本海の方を向いていらっしゃるといわれている。

出雲市で御井神社の旧跡と考えられている神社跡が発掘調査された。そこも、御祭神は西を向いている。弥生時代とされる松江の田和山遺跡山頂にある神殿跡も、西を意識しているそうだ。

出雲では古来から人々は海や水を意識してお祭りをしていたよ

満願寺の西の眺め（松江市西浜佐陀町）

うに思う。

沖の御前《ごぜん》島と因幡《いなば》の国

今は夏の真っ盛り。この原稿は松江市の湖北にある満願寺の境内で、涼しい風に吹かれながら書いている。目の前には熊野山と茶臼山、左手には嵩山《だけさん》と和久羅《わくら》山、バックには朝日山《あさいさん》が見える。前の宍道湖では、中年の夫婦の散歩についてきた犬が泳いでいる。

この満願寺には出島《いでしま》神社といって浜佐陀漁業組合奉納の灯籠のある、そして鳥居のない神社がある。『出雲国風土記』記載の神社である。

この満願寺のように眺めのいい所が島根半島の西の端にもあった。沖の御前島、『出雲国風土記』には「等々嶋《とどしま》。禺々《とど》常に住めり」

満願寺の東の眺め（松江市西浜佐陀町）

と載っている島である。禺々とは、今のアシカのことだ。

日本海をクルージングした時の経験を記す。島根半島の西を朝の七時に出発し、昼前に美保関にあがって、美保神社に参拝する。さて、いよいよ昼食は沖の御前島で食べることになった。ドキドキする。Y船長の話だと、一生に一度あるかないかのラッキーチャンスということ。この島は地蔵崎（島根半島の最西端）より一〇キロ沖合にあり、釣り人もめったに渡れない島だということ。荒れた時には漁師さんも船をつけられないし、釣り人も帰れないからである。

べた凪とそしてY船長の腕である。友人のベテラン漁師さんのお陰でもあった。巧みな船の操作と漁師さんの慣れた手さばきで、我々十人ほどの素人は無事に島に渡れた。

素晴らしい眺め。西から南へは美保関、境港、安来、皆生と続

沖の御前島（松江市美保関町、板垣旭氏撮影）

き、米子、日吉津村、淀江、名和が正面に見え、東は青谷、鳥取と遠望できる。

『出雲国風土記』の「嶋根郡」に「美保浜。西に神社あり。北に百姓の家あり。志毘魚（マグロなど大型魚の古名）を捕る。美保埼（今の地蔵崎のこと）。周りそばだちて、さがしき岳なり。土嶋（今の地の御前島のこと）。磯なり。等々嶋。禺々《とど》常に住めり」と記されている。この順に東へ向かって続いている。

「地の御前島には、よく船が乗り上げ難破したものです。燈台ができて、この島も夜、見えるようになりました」とベテランの漁師さん。

「ずっと東を見てごらん。海の水の色が少し違うでしょう。沖の御前島のさらに東に浅瀬があるのです」とY船長。この辺はすごい漁場なのだ。

昼食では島で捕った亀の手、藤壷、貽貝などの貝類のみそ汁が最高だった。遠く白兎海岸を眺めながら飲んでいると、大黒さまが素兎《しろうさぎ》を助けた、因幡の国の話がとても身近に思えた。

「鵠二羽」献納

米子市彦名町の水鳥公園。「あそこに見えるのが、現在日本でただ一羽、発見されている野生のコウノトリです」。目と足の赤い、すっと一本足で立つ姿が見える。その周りに数十羽のハクチョウも見える。首を一回りさせたり、風に向かって羽を広げたり、見飽きない。古代においてはもっとたくさん渡来し、身近な存在であったろう。

古代出雲においては、出雲国造の新任の儀式を朝廷でも行った。

冬に飛来する白鳥（松江市古志町）

その際、献納物の中に生きた「鵠《くぐひ》二羽」が含まれていたという。鵠とはハクチョウのこととされている。

公園のハクチョウを見ながら、献納物に選ばれた理由、献納後の用途について考えていた。大きな声で「コォー」と鳴くので「鵠」と名づけられたともいう。十月ごろ渡来し、三月ごろ北へ帰るとされる。現在でも能義平野の道路近くに群れ居る姿が見られる。「宍道湖の北でも二番出の稲穂を田んぼでついばむ姿が、間近で見られるよ」と聞く。

『出雲国風土記』では二カ所に記載されている。「秋鹿郡」には「南は入海にして、春にはナヨシ・スズキ・チヌ・エビ等の大き小さき雑魚あり。秋には、白鵠《クグイ》・鴻雁《カリ》・鳬《トゲリ》・鴨《カモ》等の鳥あり」とある。「出雲郡」には「およそ、諸の山野に在る禽獣には、ハヤブサ・鳩・山鶏《ヤマドリ》・鵠《クグヒ》・ツグミ等あり」とある。

この二郡は宍道湖の北部と西部を指す。古代においても、この辺は早くから開墾された田んぼが続いていたのかもしれない。ハクチョウは古代より日本のやや南を停留地とし、宍道湖はその有数の地であったようだ。

『日本書紀』の「垂仁天皇」の所に、その皇子の話が載っている。成人しても、もの言わぬ皇子が鵠を見て、初めて言葉を喋る。天皇の命を受けたアメノユカワタナがその鵠を追いかけ、出雲で捕獲した。

その場所は『新撰姓氏録《しんせんしょうじろく》』（八一五年奏進）によると、出雲国出雲郡健部郷宇夜江《たけるべのさとうやえ》（出雲市斐川町宇屋谷辺）で、捕えることができたとする。

常世の国から渡来した、不思議な力を持つとされるハクチョウは、出雲の国の霊力の象徴として献納されたのかもしれない。

第三章

「神の山」から覚《さと》るその存在

船通山のカタクリの花（奥出雲町）

船通山《せんつうざん》「鳥上山《とりかみやま》」（奥出雲町）

船通山に登ったのは、四十代の頃のこと。山好きで、親切な友に連れていってもらって、二人で登ったのが最初である。途中で採ったタキナ入りの味噌汁にうどんを入れて煮込んだものを山頂で食べたのが忘れられない。

二回目は、その十日ほど後のことである。どちらも五月初旬、つまりカタクリの花を一番の目的に行ったのである。二回目は、お茶の先生たちご一行とであった。花好きの人たちであった。先日も、私が「あのヤマシャクヤクもきれいだったが」と言うと「そう。赤いのはとても珍しいのよ」と会話がはずんだ。

ギンリョウソウが、見落としそうなほどの草の陰にひっそりと咲いていたのや、ホオノキの緑の葉が光線を通して目に鮮やかだったのや、ムシカリの花の白さが際立っていたことなどを今も思いだすことができる。

そういえば、「荒神谷から岩倉へ」のウォークでも、大きなナルコユリを道端で見つけた。葉を裏返すと、花がぎっしり咲いていた。ナルコユリは『出雲国風土記』にも薬草として載っている。五月の頃は、近くの山へ登っても、山野草の咲き乱れる良い時期だと思う。

七十二歳でいつもリュックを軽やかに背負って歩き、二週間ほど一人で東欧を旅行していたNさんが、「東欧行きの一週間前のゴールデンウィークには、船通山へカタクリを見に行ったのよ。群生の所は、縄が張ってあったわ」とおっしゃった。昔は縄などなかったのに、カタクリも人気者になり警護が厳しくなったのだ。

船通山山頂（奥出雲町）

そのNさん、私に「車に乗る人はダメよ」とおっしゃる。その通りだと思う。意識して足腰を鍛えなければ、登れなくなってしまう。

船通山は『出雲国風土記』では鳥上山と記され「いはゆる斐伊河の上なり」となっている。船通山登山の鳥上コースを登ると、三合目くらいに岩を裂く大ヒノキとともに二〇メートルほどで落ちる斐伊川源流の鳥上滝がある。このコースは、ブナ・ナラ林の中を小川のせせらぎを聴きながら歩く爽やかなコースである。

頂上には八俣大蛇《やまたのおろち》の尾から出た「天叢雲剣《あめのむらくものつるぎ》」の「出顕の地」の記念碑が建っており、眺めは三六〇度、抜群である。山小屋にあるノートに「スサノオさんはお目が高い。良い地を選んで降臨されたものだ」と書いたおぼえがある。

『古事記』では、須佐之男命《スサノオノミコト》が高天原《たかまがはら》からこの山の地に降りられたとある。山頂の祠は鳥取・島根の神官の方が交代で祀られるという。この次は、鳥取からの登山道、多里コースで登ってみたいと思っている。が、帰りはやはり「ヴィラ船通山」の温泉でゆっくり汗を流すのが一番だと思う。

茶臼山《ちゃうすやま》（神名樋野《かんなびぬ》）と平家山《へいけやま》（松江市・雲南市）

松江市から大東町へ行く途中に忌部越《いんべご》えがある。そこから南面には中国山脈を見晴らすことができ、春夏秋冬、山々の心洗われる景色を見ることができる。

その山脈の中でひときわ目立つ先のとがった山がある。土地の人たちが平家山《へいけやま》と呼ぶ山だ。土地の人に聞くと、その山が『出雲国風土記』に載る「御室山《みむろ》」だという。

鎌倉神社（雲南市大東町）

「御室山。神須佐乃乎命《かむすさのおのみこと》が、御室をお造りになって、そこにお宿りになった。だから、そこを御室山という」

平家山は雲南市大東町の阿用と久野の境目の篠淵《ささぶち》という所にある。近くに鎌倉神社もあり、そこには大原郡の郡司勝部臣の墓もあるといわれている。

前から、ぜひ一度登ってみませんかと誘われていながら、今だにできないでいる。さぞかし、遠望のきく良い山だろうと思う。

春先のワラビ採りに最適のころ、松江市山代町にある茶臼山に登った。『出雲国風土記』には「神名樋野《かんなびの》（神様のいらっしゃる山）」と載る山だ。二十人ほどの若い人たちも登っていて、随分人気のある山だな、と思った。

茶臼山頂上の南正面を見て驚いた。平家山がどっかりと雄姿を現していたからだ。『出雲国風土記』には載る山の数はとても少ないが、意外とその山同士には大きなつながりがあるように思われた。

スサノヲノミコトを祀るとされる山には、他に須我山（雲南市大東町須賀）・熊野山（別名天狗山。松江市八雲町熊野）などがある。三山とも『出雲国風土記』に載る山だ。

須賀山のふもとには須我神社があり、『古事記』では、スサノヲノミコトとイナタヒメの寝所とされている。「八雲立つ　出雲八重垣　妻籠《つまご》みに　八重垣作る　その八重垣を」で有名な場所だ。

この三山は地図で見るとほぼ等間隔に位置し、正三角形を成している。

この辺はスサノヲノミコトの中心地なのかもしれない。

鎌倉神社の磐座

斐伊川より見た仏経山（「いづもの磐座」より）

仏経山《ぶっきょうさん》「神名火山《かんなびやま》」（出雲市）

八十三歳の元気なおじいさんが、オートバイに乗っていらっしゃった。

「これから仏経山（出雲市斐川町）の岩くらへご案内しましょう」「ここから登ります。一〇㍍ほどです」。私をふくめて二十人ほどの一行は、小雨の降る中、道無き道を、藪をかきわけ黙々と登った。

時々、前の人を見失うので大きな声をかけて方向を確認した。私はポケットに入れていたカメラを途中で落としたことすら分からなかった。それほど傾斜も急だった。

やっと着いた。県内で今まで見た、どの岩くらよりも大きく落

仏経山の磐座（出雲市斐川町）

ち着きがあり、岩くらの中は雨もしのげて暮らし良さそうに見えた。皆が「一〇メートルというのは、高さのことだったんだね」というように、一〇〇メートル以上は急坂をよじ登っていた。

『出雲国風土記』には次のように記されている。「神名火山《かんなびやま》（今の仏経山）、曽伎能夜社《そきのやのやしろ》に坐す伎比佐加美高日子命《きひさかみたかひこのみこと》の社、即ち此の山の嶺にあり。故、神名火山（神のこもる山）といふ」。

現在、山頂には鉄塔があるため、元宮は移されているが、神は山頂から岩くらへ、その後、西は阿宮社へ、東は八幡宮から現在の曽伎能夜社へ遷座なされたとのことだ。

なぜ、山頂の神は東と西の両方の麓へ降りたもうたのだろうか。熊野の大神さまも、松江市八雲町の熊野山頂から、東は広瀬町の山佐神社へ、西は熊野大社へと遷座なさっている。熊野山からは東へは飯梨川が流れ出し、西は意宇川が流れ出し、広大な流域を所有している。

熊野山の南の毛無越《けなしごえ》で地元の人々が話していた。広瀬の人は歯医者へ行くのに、毛無越をして、大東の海潮へ診てもらいに行くのだそうだ。

神様の坐す山は国境ではなく、山頂から一望できる領域の中心となっていた。山の領域の人々は山頂に集まってお祀りをし、山を行き来して暮らしをたてたのだろう。

仏経山からは浜田まで見えるという。もしかしたら、日本海をも領域にもつ神を祀る山かもしれない。

朝日山《あさいさん》「神名火山《かんなびやま》」（松江市）

ある年の一月七日、午前六時半に朝日山に登った。暮れに「す

恵曇港から見た朝日山（松江市鹿島町）

ばらしい雲海を見に行きませんか」との誘いがあったからだ。毎年正月、雲海を眺め、朝日寺に尺八の演奏を奉納しているグループの一人からの誘いであった。

「まるで掛け軸の絵のよう」。変な例えだけれど、正直そう思った。日の出は一分とはかからなかった。宍道湖の上をいっぱいにかすむ雲海の中から、真っ赤にせりだして来る朝日、刻々と変わる雲の色でありながら、それはまさに一幅の絵であった。前もって天気予報を調べ、季節も、月日も、時刻も計算されてのご案内であった。箏曲につける詩を創るための設定でもあった。

「東《ひんがし》の　野に陽炎《かげろひ》の立つ見えて　返《かえ》り見すれば　月傾《かたぶ》きぬ」

柿本人麿《かきのもとひとまろ》の歌である。北に海と空、南に湖上を覆《おお》う雲海、風によって谷筋を吹き上げられる雲の波、しだいに輝きと赤みを増す太陽、樹々の間から見えた大船山《おおふねやま》にかかる白い満月はしだいに沈

佐太神社（松江市鹿島町）

んでいく。七時に山頂に到着したあと、とうとう十時までの三時間、すべてを忘れてたっぷり楽しんだ。

朝日山は、松江市の西北、古曽志町《こそしちょう》の古墳公園の北側背後にわだかまり、標高三四二メートル。地元では「あさいさん」と呼び慣《なら》わされている。『出雲国風土記』では、宍道湖の四隅に位置する神名《かんな》火山《びやま》（神の隠《こも》る山の意）の一つとされている。「謂《い》はゆる佐太大《さだのおお》神《かみ》の社《やしろ》は、即《すなわ》ち彼《そ》の山の下《ふもと》なり」と記されている。頂上には古刹《こさつ》「朝日寺」があり、出雲札所《ふだしょ》二十九番目の寺として、人が絶えない。春は桜、秋は紅葉が美しく、境内の休憩所には、ポットにお茶が用意されていた。

佐太神社は古代から中世にかけて出雲大社と並び称されたほどの勢力をもつ神社であり、現在でも、九月二十四・五日の御座替《ござかえ》神事《しんじ》、十一月二十日から二十五日にかけて執《と》り行われるお忌祭《いみまつり》は古来からの祭りを伝え、貴重である。

なぜ、神が隠る山なのか。それはまず展望が抜群。南に宍道湖と中国山地、東に大山、西に出雲平野に三瓶山、振り返って北には端から端まで日本海が続いている。

付け加えて、日本海、それも加賀の辺から見ると、朝日山は双子山のきれいな山に見える。また、講武平野からみると、崇敬を集める雄姿として拝むことができる。

海からも平野からも嘱目《しょくもく》される神の山だと思われる。

大船山《おおふねさん》「神名樋山《かんなびやま》」（出雲市）

「おばあさん、先頭を歩いてください。我々はその後に続きましょう」。前夜、早朝登山のためにサンレイク（出雲市）に泊ま

大船山遠望（出雲市平田町、「いづもの磐座」より）

り込んだ四十人ほどの中で、恐らく最高齢と想われる人を一目で選んだリーダーの方が、おっしゃった。「神名樋山《かんなびやま》・大船山《おおふねさん》に登る会」の世話役の方が、申込書に年齢の欄を設けなかったので、平均年齢が何歳かわからないと言われたが、六十歳は超えているように思われた。

出雲市多久町北方にそびえる大船山は『出雲国風土記』には、神の隠れこもる山とされ、また「峰の西に石神あり。高さ一丈、径《こみち》の側に小石神百余ばかりあり」と記されている。その石神と呼ばれる烏帽子《えぼし》岩さんを拝もうという会である。

三回踏査してやっと見つけたとリーダーがおっしゃる登りやすい道を、おばあさんの後に皆がついて歩いた。上品な柄のモンペのような服を着て、そのおばあさんは歩いておられた。小一時間も歩くと、峰の斜面に、四・五メートルの高さ、九メートルの周りはある、直

大船山（左・石神、「いづもの磐座」より）

立した岩の背後に到着した。岩の正面は切り立った崖で、十人ずつ順に正面まで回ることになった。私の番になって回ってみると『出雲国風土記』の記載「汝《な》が命《みこと》の御祖《みおや》の向位《むかくら》に生《う》まむと欲《ほ》りするに、ここぞ良し」の通り、出雲市塩冶町方面がきれいに見渡せた。「汝が命」とは、滝の神タキツヒコノミコトのことで、「御祖」とは、その親神アジスキタカヒコノミコトのことで、この親神は、神門郡高岸郷《かんどのこおりたかぎしのさと》（出雲市塩冶《えんや》町）に鎮座されているのである。后神のアメノミカジヒメは、出産なさるにあたって、男神の鎮座される所が見渡せるこの烏帽子岩を選ばれたというのである。山の斜面や岩陰からは古代の祭に使ったとされる土器も出土している。

山の南方だけでなく、西や北への眺めも鑑賞した後は、いよいよ昼食となった。少しなだらかな小道を下ると、沢

大船山から見た高岸郷辺（「いづもの磐座」より）

に出る。雰囲気は軽井沢風かなと思いながら、おだやかな秋の陽射しをあびつつ、ペチャクチャ世間話に興じてお弁当をたいらげた。この北山山系には沢が多く、そのお蔭で古来より稲作が盛んであったともいわれている。

しっかり休憩した後は、一路山道を下っていった。下りながらの軽やかなおしゃべりも登山の楽しみのひとつだ。そろそろふもとへ着いたかなと思う辺りに「長滑《ながなめら》の滝」と呼ばれる日照りにも枯れない滝があり、最後の憩いのひとときを過ごせる。バスへ向かって歩くとき、思いきっておばあさんに声をかけた。「おいくつですか」「八十ですよ」。

加茂町ご出身のおばあさんは、後で『出雲国風土記』研究の第一人者・加藤義成先生の色紙を送ってくださった。『出雲国風土記』大好き人間の私は、大感激し、今も大切にしている。

「大船山は海から見ても良い山だと思う」と言ったところ、十人ほどで「海から神名樋山を見よう」という試みをなさって下さるようだ。

宍道湖《しんじこ》「野代《のしろ》の海」（松江市）

「飫宇《おう》の海の　河原の千鳥　汝《な》が鳴けば　吾が佐保川の　念《おも》ほゆらくに」

万葉集に載る門部王《かどべのおおきみ》の歌で、中海を「飫宇の海」と詠んでいる。意宇川は今もあるし、『出雲国風土記』には「意宇郡（大橋川以南で、安来市、松江市を含む）」と載っているので、「意宇の国」が昔存在したのかもしれない。それが、海や川の地名として残ったのだろう。

宍道湖に浮かぶ嫁ケ島

「野代の海の中に蚊島（松江市・嫁ヶ島）あり」「野代川。源は須我山（大東町・八雲山）より出で、北に流れて入海に入る」「正西《まにし》の道は十字の街《ちまた》より西へ一十二里にして野代橋に至る」。すべて『出雲国風土記』に記されていることである。これから推測すると「野代の国」も昔あったといえるかもしれない。

「佐太川。源は二つあり。二つの水合ひて、南に流れて佐太水《さたのみず》海《うみ》に入る」「島根郡の西の境なる佐太橋に至る」。この『出雲国風土記』の記載によると「佐太の国」もあったことのように思われる。

『出雲国風土記』には四柱の大神様が載っている。「野城大神・佐太大神・熊野大神・杵築大神」である。「熊野山。熊野大社の社、坐《ま》す」。熊野大神様の中心は、今の松江市八雲町の天狗山である。

杵築大神は「杵築大社」、つまり今の出雲大社におられる大神様だ。『出雲国風土記』には「出雲大川」「出雲御埼山」の地名が

多伎から見た島根半島（板垣旭氏撮影）

載っている。「出雲大川。源は伯耆《ほうき》と出雲との二国の境なる鳥上山（奥出雲町・船通山）より流れて、（中略）神門水海（今の神西湖）に入る」。

杵築大神様の中心は、「出雲御碕山（今の北山山地の西部）」のようである。

それでは、野城大神の中心はどこなのだろう。「野城」は「のしろ」とも読めます。『風土記』には「野城社・野代社」が載っている。『雲陽誌』には「野白社は友田山（今の松江市乃白町・田和山）に祀る」と記されている。そうすると、野城大神様は安来市の野城神社から松江市の野白神社までの「野代の国」の神様で、その中心は、田和山ということにもなるとされる。

田和山山頂から「国見《くにみ》」が行われたとの研究もある。確かに宍道湖も大山も見渡せる「国見」にふさわしい山である。

野代神社（松江市浜乃木）

野白《のしろ》神社「野代社《のしろのやしろ》」（松江市）

「ほう、眺めのよい所だなあ。いい所だなあ。こんな所があったかや」

大庭公民館郷土学習部の方々と田和山遺跡（松江市乃白町）に登ったときのことである。八十歳を超えた方も何人かいらして、その方のおっしゃった言葉である。そのうち見ず知らずのご夫婦も後ろから登っていらっしゃった。土曜の夕方のせいか、ふらりと立ち寄る方も多いようだ。

北を見ると、目の前に宍道湖が横たわり、その先に朝日山を中心とする北山山脈、東には嵩山《だけさん》や和久羅山《わくらやま》がかわいく見え、大山《だいせん》があり、手の届くような所に茶臼山がある。私たちはその茶臼山

田和山北を見た情景（松江市田和山町）

の南と北にある新造院跡（『出雲国風土記』に載る寺号のない新造の寺院の跡の意）を見てきたところである。

この田和山から茶臼山までは、古代遺跡の数々がおもしろいほど点在している。その上、西は玉造、宍道へと続く高速道路が見え、南は忌部、海潮へと続く細い道が見える。確かに眺めはよいし、交通の要所に当たるといえる。

この弥生時代の遺跡からは興味深いことに、隠岐の黒曜岩で作られた石鏃《やじり》が三十六個と讃岐のサヌカイトで作られた石鏃五十一個とが出土している。どうやってここまで運んだのだろう。

今は消滅しているけれど、田和山遺跡のつい目の前にあった友《とも》田《だ》遺跡の弥生時代の墓からも同じように、黒曜石二十五個サヌカイト三十二個の石鏃が出ている。

この田和山を以前は友田山と称していたともいわれる。舳田《ともだ》山

田和山から東を見た情景（松江市田和山町）

とも書いたという。そういえば田和山の南の尾根には野白神社の旧社地があり、野白神社は野白村舳田大明神ともいわれていたらしい。

「野代社《のしろのやしろ》」は『出雲国風土記』に載る神社である。『延喜式』（九二七年成立）では「野白神社」に変わっている。『出雲国風土記』には、「野代川」「野代の海の中に蚊嶋《かしま》（今の嫁ヶ島）あり」「正西《まにし》の道は野代橋に至る」と出てくる。

これらの記載は「野代社」が大きな力をもっていたことを示すもののようであり、この友田山（田和山）がその勢力の中心であったように考えられる。

「野代橋」は長さ六丈（約一八メートル）、広さ一丈五尺（約四・五メートル）とあり、かなり大きな橋である。それを示すかのように、隣の乃木福富町では、幅が九メートルにも及ぶ古代山陰道も発掘された。

「こんな所があったかや」。弥生の人々は、この田和山遺跡は大昔の一番中心だったんだよと言っているような気がする。

古代の出雲神殿（松江市）

「天つく四八メートルの高層神殿」。平成十二年四月二十九日付の全国紙の一面トップの見出しである。出雲大社から巨大柱が出土したとある。

巨木三本を金輪で束ねて一本とした柱である。その直径は三メートルに達し、平安時代の「口遊《くちずさみ》」に示される十六丈の高さを裏付けたという。十六丈とは四八メートルぐらいである。

なぜ、これほど高く建てたのだろうか。『出雲国風土記』ではどう書かれているのか、みてみよう。

まず「杵築大社」と書かれている。「大社」と記されているのは「熊野大社」と「杵築大社」だけである。

『出雲国風土記』では「熊野大社」は「熊野山。熊野大神の社《やしろ》坐《ま》す」とある。現在でも、熊野山の元宮《もとみや》の近くからは、遠く隠岐まで望むことができる。

「杵築大社」の場所は、『出雲国風土記』では「出雲御碕山《いずもみさきやま》。西のふもとに、天《あめ》の下造らしし大神の社坐《やしろま》す」と記されている。

「御碕」の意味は「海中または湖中に突き出した陸地のはし。あるいは、島の異称」とある。

「出雲御碕山」のすぐ前には、次の記述がある。「神名火山《かんなびやま》。曽支能夜社《そきのやのやしろ》に坐す伎比佐加美高日子命《きひさかみたかひこのみこと》の社、この山の峯にあり。故、神名火山といふ」。

「神名火山」とは「神様のいらっしゃる山」の意味である。神

曽伎能夜神社（出雲市斐川町神氷）

は古来、山の頂《いただき》にいらっしゃったのだろう。人々は参集し、参拝する対象として神を山頂にいただいたのであろう。

特に出雲においては、神をいただく山は、ほとんど海や湖に面している。出雲の神々と海の関係はとても深い。神々は遥か遠く、海のかなたまで見通していらっしゃるのであろう。神話の世界では、出雲の神々は縦横無尽に海も駆け巡っていらっしゃる。

松江にある田和山遺跡は今から二千二百年前の弥生時代の神殿跡とされている。標高四六メートル。山上にある高床式神殿から、何を望むことができたのだろう。

友人が、田和山の上で朝日に向かって左手をかざせば、大きなエネルギーを身体にとりこめるという。夜は、星を祀ることもあったかもしれない。

日本海を望み、海から渡り来ます神々を見張るかしていたようにも思える。

「聖地田和山《たわやま》——『風土記《ふどき》』記載の旧野代《のしろ》神社跡地」（松江市）

この冬一番の寒波がきた日、宍道湖は強い波が立ち、その中をカモが木の葉のように揺られながらたくさん浮いていた。

「見えた」。真正面に田和山の茶色い肌がむき出しに見える。「トリデみたい」「すごい威圧感だね」。近くで見ると、異口同音に驚きの声があがる。

濠の深さは二メートル、長さは二〇〇メートル、これが二千二百年前の第一環濠。それから百年後、その下に第二環濠がつくられ、さらに百

田和山山頂（松江市田和山町）

野白神社（松江市乃白町）

年後、そのまた下に第三環濠をつくった弥生の人々。「何のためにこれだけのものを。すごいエネルギーだね、鉄もない時代に」

山頂にあるのは、九本の柱穴だけ。しかも田の字形に一間の間隔で並んでいる。もしかしたら神殿？ そういえば、中心の穴は一回り大きく、心の御柱のようだという。「この田和山には、日本の神社史上の原初形態が予想される」と、平成二年六月十四日に、調査結果報告書で山本清先生はすでに予告しておられる。

「でもねえ、田和山の山頂の風の強さだと、屋根が吹き飛ぶよ」とAさん。「屋根も壁もないとすると、これは銅鼓楼ならぬ銅鐸楼だったかもしれない」とBさん。

想像の翼はどんどん広がっていく。中国・雲南省のミャー族は何十年に一度、村人が総出で村の真中に銅鼓楼（高さ九〇メートル）を建て、お祀りをしたり、人々の暮らしの決まりを皆で決めたりするそうである。やはり、この田の字形の建物は大事な建物だったのであろうか。銅鐸の音色は、宍道湖を通して、あたり一面に響き渡ったのだろうか。

第一環濠から出土した子供の頭くらいのつぶて石三千個程、石の矢鏃《やじり》百五十個程、これらは田和山で戦が行われたことを示しているようである。この建物は、騎馬戦のハチマキのように、このクニの象徴だったのかもしれない。

田和山の北隣から友田遺跡が見つかり、その丘の上からは二十基以上の二千年前のお墓が見つかった。そのお墓の一つからは矢鏃が二十個以上も出てきている。

以下はまったくの想像の話。田和山の戦いが終わると、たくさんの銅鐸は埋められ、王は捕まったであろう。そして敵の王は「この王は大切に祀ることにする。これからは、我々の鉄の道具を使っ

船林神社扁額（雲南市大東町）

て皆で新しいクニ造りを始めようではないか」。

山陰沿岸には田和山を聖地とする野代のようなクニがたくさんあったかもしれない。その後、鉄をもたらした人々によって、より大きなクニに統一され、強いクニとなったのだろう。

田和山は、さまざまな想いを起こさせてくれる山である。

船岡山《ふなおかやま》と田和山《たわやま》（松江市・雲南市）

船岡山（雲南市大東町）——通称「船岡さん」が、この山である。『出雲国風土記』では「船林神社」と載り、この地区では当番の家が順番に参拝に来ているという。

『出雲国風土記』には次のように載っている。「船岡山。阿波《あわ》枳閉委奈佐比古命《きへわなさひこのみこと》の曳《ひ》き来たり、据えましし船、則ち、此《こ》の山、

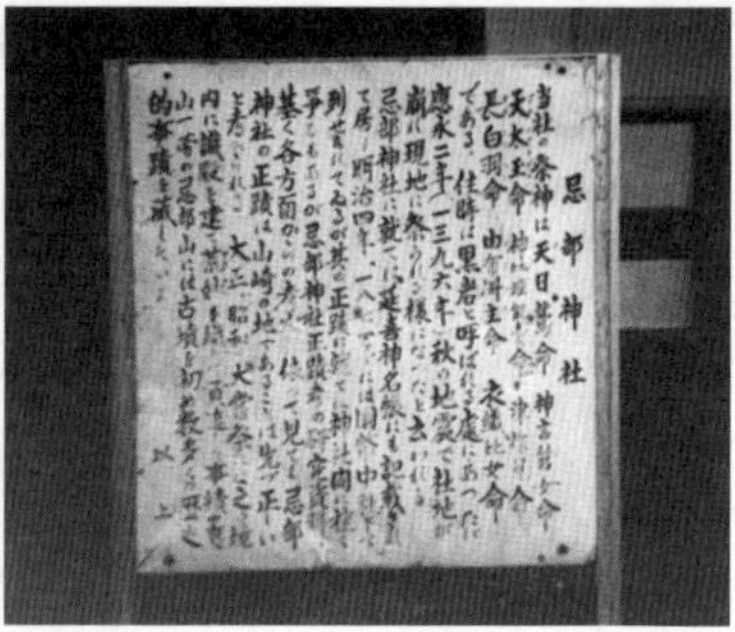

忌部神社（徳島県徳島市二軒屋町）の由来

是れなり。故に船岡という」。

毎日、通勤途中に眺めながら「変な形の山だなあ」と思っていた。ある時、S先生の講演会でこの山の話が出てきた。「神々の遺跡・田和山」というテーマであった。松江市乃白町にある田和山も、なんともいえぬ不思議な様相をしている。全国に類例のない弥生時代の遺跡である。

話を聞いてみると、なるほど、田和山と船岡山はよく似た様相をしている。

田和山遺跡は三重の環濠で巡らされ、狭い山頂には神殿らしい九本の柱穴がある。

この第一環濠より三千個に近い「つぶて石」が出土した。子供の頭ほどのつぶて石は、ここで戦いがあったことを予想させる。そのつぶて石は、第一環濠の南部に集中している。

忌部神社平成二年大嘗祭鹿服の製織機

戦いを示す石鏃《いしのやじり》も百五十個ほど出土している。これも南部に集中し、その中の九十個は、香川県金山産のサヌカイトから作られている。

南部とは忌部街道沿いで、船岡山へ通ずる道筋である。船岡山山頂には「阿波から来た委奈佐比古命」が祀られている。その先には「粟谷神社」もあり、これも「阿波」に関連するとのことである。

委奈佐は徳島県にある地名で『播磨国風土記』でも「阿波の国の和那散《わなさ》」と出てくる。香川県・徳島県あたりが、古代の「阿波の国」であったのだろう。忌部街道の「忌部」の名をもつ神社は『延喜式』によると「阿波の国の麻殖《おえ》郡の忌部神社」に関係すると、いわれている。

その講演を聞いて、なぞの遺跡・田和山の解明の糸口がつかめ

熊野大社（松江市八雲町）

たような気がした。
田和山で、阿波一族と出雲一族との交流、あるいは戦いがあったような気がする。日本海や中国山地を通じて、瀬戸内海との交流があったのだろう、それは全国規模の政権争いにも発展したのだろう。講演会後、「船岡山も掘ってみたいね」という声も聞かれた。
その後、通勤途中に眺めると、何となく砦《とりで》のように船岡山が見えてきた。今も船岡山山頂には神殿があり、人々の日参りが続いているのだろう。

熊野《くまの》大社　天狗山《てんぐやま》「熊野山《くまのやま》」（松江市）

「皇神《すめがみ》を　よき日に祭りし　あすよりは　あけの衣を　け衣に

熊野大社鑽火殿

せん」。

楽人《がくじん》たちが、琴板《こといた》とばちで拍子をとって口ずさむ中、出雲大社の国造による百番の舞が奉納される。毎年十月十五日、熊野大社で行われる鑽火祭《さんかさい》の一幕である。鑽火祭とは別名・亀太夫《かめだゆう》神事ともいわれる。出雲大社から熊野大社に対して、むこう一年間、出雲大社で神餅を献ずるときに使う火鑽臼《ひきりうす》と火鑽杵《ひきりぎね》を借りうけるという神事である。

古い伝えをもつ熊野大社は、松江市八雲町熊野に鎮座している。『出雲国風土記』という奈良時代に書かれた地誌に載る古社である。その中では「熊野加武呂命《くまぬのかむろのみこと》」と呼ばれ、伊弉奈枳《いざなぎ》の真愛子《まなご》（＝愛しい子）と紹介されており、意宇川流域から島根半島までを手中にしていた神のようである。

また「熊野山。郡家の正南十八里なり。檜《ひのき》・檀《まゆみ》あり。いわゆる

右側が熊野山（松江市、「いづもの磐座」より）

熊野大神の社《やしろ》坐《ま》す」とも記載されている。郡家とは郡の役所のことで、そこから西南の方向十八里のところにある山で檜や檀が茂っているということである。檜は、縄文時代から、丈夫で細工のしやすい木として杉とともに大量に使われている。先ほどの火鑽臼も檜の芯で作られるという。檀は弓を作る材料だったための呼称と考えられ、秋にはきれいに紅葉する。

「熊野大神の社坐す」とは、今の熊野大社の元宮が熊野山に存在したことをしのばせる。熊野山は、現在の天狗山（松江市八雲町南境、標高六一〇㍍）である。五月の第四日曜日には、熊野大社による元宮祭が行われている。これに参加したことがある。午前九時半、熊野大社の拝殿の前で登山者全員に対してお祓《はら》いがあり、その後、天狗山麓の駐車場まで行く。

そこから険しい山道を三十分ばかり進んでいくと、頂上の少し

熊野山の磐座（松江市八雲町、「いづもの磐座」より）

手前に大きな磐座《いわくら》があり、ここで祭典が行われた。海幸山幸のお供えがおかれ、祝詞《のりと》がよみあげられ、地元の氏子の子供たちも一緒に唱和をした。大岩を神の依《よ》り代《しろ》（神々の憑《よ》りつく場、もの）とするのが磐座である。石器時代に始まる人間の歴史を考えてみても、石が人間を造りだしたとも言えそうである。石に対する古来からの信仰にはさまざまな想いがある。

頂上からは、西は仏経山《ぶっきょうざん》・弥山《みせん》、東は美保関《みほのせき》までの眺望がきき、島根半島を眼下《がんか》にみることができる。磐座の上の見晴らし台からは、正面に星上山《ほしがみやま》（松江市）が見え、南は山《や》佐《さ》・布部《ふべ》（安来市）への古道があったといわれ、祭典では近郷近在の参拝者でにぎわったようである。

朝酌公民館からの熊野山（松江市朝酌町）

「熊野山」にましますす大神さまの力（松江市）

この写真の正面中央に、山の向こうから頭一つ飛び出している山を御存じですか。そう思ってみると松江市の少し高い所からならどこからでも見える山だ。

これは、松江市北郊にある朝酌公民館から見た姿である。この山は松江市八雲町にある熊野山、別名・天狗山あるいは天宮山と呼ばれる山である。朝酌公民館の東隣に、多賀神社がある。多賀神社は『出雲国風土記』では「朝酌社」と呼ばれている社だといわれている。

この神社には須佐之男命がお祀りされている。「朝酌郷《あさくみのさと》」は、風土記の時代には、熊野山とは深い関係があった。

今も残る大灯籠（松江市朝酌町）

「熊野の大神さまの仰せによって、熊野の大神さまの朝夕の御神饌に奉仕する人々の集落をここにお定めになりました。そこで、朝の御膳に奉仕する部族《くみ》の意味から、ここを『朝酌《あさくみ》』というようになったのです」。『出雲国風土記』にはこのように書いてある。

朝酌公民館のあたりには江戸時代には番所もあった。現在もこの近くに大灯籠が残っている。この辺を航行する船の積み荷を調べる松江藩の役人がいたからである。

また、出雲地方の米が貢米として江戸や大阪、尾道、下関へ積み出されるのもこの辺であった。千石積の御手船に載せるときには、ここにいる役人が立ち会ったとされる。

江戸時代までも続いた豊かでにぎやかな「朝酌郷」が、熊野の大神さまに捧げられた土地だったのだ。今でもこの辺のお年寄りの方に聞くと、「そうだよ、大井や邑美の冷水は矢田の渡しを通って、毎日、熊野の大神さまに運ばれたんだよ」とおっしゃった。

「大井」「邑美冷水」はどちらも『出雲国風土記』に載る、枯れることのない湧水だ。熊野の大神さまは、島根半島にも大きな力を持っておられたのである。

大野津神社から見たきれいに双子に見える茶臼山のことを書いたが、祈雨の社として知られる大野津神社は、御神体を船に乗せ、宍道湖の中心でお祀りをなさったという。

たぶん、そこからは船通山（奥出雲町）は見えないだろうから、この熊野山に向かってされたように思う。地図を広げるとほぼ同じ方向に位置している。気をつけて見ると、熊野山はどこからでも、頭一つ飛び出した美しい姿を見せている。

邑美の冷水（松江市朝酌町）

御室山（雲南市木次町、「いづもの磐座」より）

布須《ふす》神社「御室山《みむろやま》」（雲南市）

「わぁー、こんなに眺めがいいなんて」「子供のころは、南の方も全部見渡せたんですがね」。

そういえば、南面にはまだ年数の経っていない雑木が伸びている。地図を広げてみると、確かにロケーションがよい。周囲には南方で五キロ、東、西、北方で二〇キロ以上には、御室山《みむろやま》より高い山は見当たらない。よかった、無理を言ってここまで連れてきてもらった甲斐《かい》があった。頂上には、ナルコユリやミツバツツジが咲いていた。

御室山――『出雲国風土記』には次のように記されている。「御室山は、須佐乃乎命《すさのおのみこと》が御室《みむろ》、つまり神の御坐所をお造りになり、ご宿泊なさった所である。だから、ここを御室という」。

その比定地の一つが、ここである。

頂上近く、南の山腹には、布須神社があり、その拝殿がおかれている。奈良の大神《おおみわ》神社と同じで、本殿はない。御室山そのものを御神体として拝めるように、拝殿だけがある。この辺では珍しい形式である。

Sさんに突然、ご案内をお願いして、近くにある釜石を見た後、布須神社へやってきた。拝殿までは車で登ることができる。が、お参りしたあと、いよいよ御神体に足をかけるのは、はばかられたが、Sさんが昔は家族連れで元旦などによく登ったといわれたので、思い切って登ることにした。

その眺めは斐川町の高瀬山、加茂岩倉の山々、玉湯から忌部へ抜ける山々が見え、遠くは三瓶山や広島の鯛ノ巣《たいのす》山まで見渡せた。

布須神社（雲南市木次町）

布須神社（「いづもの磐座」より）

ここ四郡の中心といってもよい山である。
神社境内の立札によると、平安初期には四十二坊がここにあり、山岳仏教としても栄えていたとされる。往時の石段も残っている。
釜石というのは、道を隔てた南側の山腹にある巨岩で、奇妙な溝もあるとのことだ。雑草をかきわけ、見に行った。奈良の飛鳥の酒船石に似ている気がした。伝えによると、須佐乃乎命が大蛇退治に使った「八塩折《やしおり》の酒」を造ったときに用いた石だそうだ。近くには湧水もある。
山麓の大東町との境界にも巨岩がある。まるで御室山の水源を守るようにドカッとわだかまっていた。この辺のあらゆる支流がこの御室山から発し、田畑を潤している。また、すべての谷がまさ土と思われ、それは砂鉄の存在を示しているようだ。

雲南市木次町の「奥出雲葡萄園」レストランから眺める御室山は、今も人々の暮らしと安らぎを見守るかのような雄姿を見せている。

第四章　「風土記」に載る山に登ってみる

出雲御埼山全景

出雲御埼山《いずもみさきやま》（出雲市）

「出雲御埼山《いづものみさきやま》。西のふもとに、いわゆる天《あめ》の下《した》造らしし大神の社坐《ま》す」。『出雲国風土記』に記される、出雲大社の背後にそびえる山塊である。

その一つは「弥山《みせん》」とか「宇加《うか》山」とも呼ばれる山塊である。出雲の大神様がいらっしゃる山のようで、ぜひ一度登ってみたいとかねがね思っていた。

幸い、この連載が始まりだしたころから、Yさんに「ご案内しましょう」と声をかけていただいたので、友人二人を誘って、Yさん一家とわれわれ三人の計六人で登った。

出雲大社駐車場に集合したけれど、そこからまた西へ引き返し

阿須伎神社（出雲市遙堪）

て、阿須伎《あずき》神社へ車を置いて登ることになった。

一時間半はかかるだろうといわれ、覚悟をして登り始めた。いつものことながら、登り始め三十分くらいがきついが、そろそろ慣れたころ、木々の間から眼下に旧菱根池といわれる平坦部の開けるのが見え、しばらくすると、三瓶山、神西湖が見え、やがて岩場になり始めた。先を登るYさんの長女で小学校五年生のMちゃんの一番元気のよい声が聞こえ、いよいよ頂上が近いことを思わせ、大人たちもひと踏ん張りする気になった。

案《あん》の定《じょう》、頂上の眺めは抜群。南面は浜山、朝山、神戸川、斐伊川、西谷、仏経山と重要な所が手近にわかり、西面は青々とした日本海が気持ちよく広がり、足元の森の中に出雲大社が鎮座するのを知ることができた。

この山の回りは、ほとんど銅山で、最近まで銅山開発でにぎわった所である。頂上には「御山神社」の額がかかり、一坪ほどの雨宿りのできる祠があった。

弥山のある「出雲郡」に記される『出雲国風土記』の社は、全部で百二十二社。その内、企豆伎《きづき》社は七社、阿須伎社は四十社である。

阿遅須伎高日子命は、精錬あるいは鍛冶の神とも考えられている。『出雲国風土記』の中でも奥出雲町三沢、安来市、出雲市に神話があり、出雲の国の東西南北の重要な地を占めている。奉斎する社の多さはかつての阿遅須伎高日子命の勢いを示す事跡とも受け止められる。

帰りは山頂眼下の駐車場への別ルートで、五十分ほどで下り、おいしいそばを食べて帰宅した。

琴引山山頂（飯南町、板垣旭氏撮影）

琴引山《ことびきやま》（飯南町）

島根県飯南町にあるのが琴引山である。『出雲国風土記』にも琴引山と載っている。そのふもとには「多倍《たべ》神社」があり、十一月七日の「姫の飯《い》神事」は県の重要無形文化財に指定されている古式ゆかしいにぎやかなお祭りである。

私が初めて琴引山に登ったのは平成元年の九月二十三日である。その時はまだスキー場もなく、昔の表参道から登った。現在は雪を人工的に作ってすべるスキー場として、広島方面からもスキーヤーがやってくるそうである。

「バタ、バタ」「キャー」。中世の山城のころの登山道でもある表参道を歩いていると、大きな山鳥が足元から急に飛び立った。よく見ると巣があり、中に卵があった。リフトのある広い道を登るこのごろでは、決して味わえないこんな貴重な体験を、最初の登山でさせていただいた。その時、頂上で「なめこ汁と焼き肉」のイベントが行われていた。その日は頂上にある琴弾山神社の祭日にあたるからである。

「古老は伝えて言う。この山の峰に窟《いわや》あり。中に天下をお造りになった大神の御琴あり。長さ七尺、広さ三尺、厚さ一尺五寸あり」。

これは『出雲国風土記』に書かれている「琴引山」のいわれである。山の中腹より少し上に、記述とほぼ同じ岩が存在する。

「また、石神あり。高さ二丈、周《めぐ》り四丈あり」と『出雲国風土記』は続けている。事実、「琴岩」の北方五〇メートルの稜線に「烏帽子《えぼし》岩」がそびえている。

琴引山・大神岩（板垣旭氏撮影）

『出雲国風土記』でこの一ヵ所だけ載っている「琴」は何を意味するのだろうか。太鼓、笛、琴と並べてみると、琴はやや工夫を凝らした楽器のように思える。それだけ音階も多様で、人の心をゆさぶる音色を奏でたのであろう。

実際、弥生時代の土笛が松江市のタテチョウ遺跡から出土し、古墳時代の一・六メートルの木製の琴が、完形で松江市八雲町から出土しているが、二つを比べると、祭器としては、琴の方がはるかに人々を魅了したと想像できる。

大田《おおだ》市仁摩《にま》町にも京都府網野《あみの》町にも「琴ヶ浜」があり、どちらも鳴き砂で有名である。なぜ砂が鳴くのか今もって謎といわれるが、自然が作りだす不思議なその音色を「琴」と名づけたところに、古代からの人々の琴への深い思いを感じることができる。飯《いい》南《なん》町は山陰と山陽を結ぶ交通の要路。広島県と島根県の両方を見渡す琴引山の頂上に居ると、石神と、琴の奏でる神の声によって、「出雲の國」は守られていたように思われる。

猿政山《さるまさやま》「御坂山《みさかやま》」(奥出雲町)

「わしも酔っぱらっちょっただけん、駅前でお前さんやちゃ、どこへ行きなるだーかと尋ねたとこ、今から汽車ん乗って、山登りに行くゆーがー。ほんなら、またわしも寄せてごしないって言って、名刺を渡しといただがね」。と、かつての同僚であったNさんはわたしに話してくださった。

嵩山《だけさん》、船通山《せんつうざん》と誘ってくださったのだが行けず、猿政山行きにはご一緒することができた。「松江山の会」の主催であった。こうしてNさんも私も私の友人のEさんも入会することになった。

猿政山（奥出雲町）

会長さんは七十五歳とか。私よりもお元気であった。

猿政山はぜひ登りたいと思っていた。だって『出雲国風土記』に「御坂山。即ち此の山に神の御門《みと》あり」と載っているからである。「備後《びんご》と出雲との堺《さかい》なり」とあるように、仁多郡奥出雲町と広島県庄原市高野町との境にあり、島根県東部では一番高い山である。大万木《おおよろぎ》山に次ぐ広大な山塊で、数多くの渓谷があり、大小とりどりの滝がある。

駐車場に車を置き、いよいよ登り始めの時に説明があった。「西側に昔、木馬道《きうまみち》といった本谷があり、その東側に内部谷、別名タタラ谷があります。今日はタタラ谷を登ります。木馬道というのは、伐採した木を出した谷で、麓から三分の一ほどの中腹の洞窟には神様が祀られており、その前には鉈《なた》や鍛冶《かじ》の道具があり、そばには何百年も経た杉が立っています」。

ふと、行ってみたいなと思った。が、今はほとんど通れないとのこと、残念。仁多郡誌によれば、「この山は神の山で、山麓に神の門があり、そこに至る坂を御坂と称し、それが山名となった」とある。

長江山《ながえやま》（伯太町《はくたちょう》の永江山《ながえやま》）、鳥上山《とりかみやま》（奥出雲町の船通山）、御坂山（奥出雲町の猿政山）、琴引山《ことびきやま》（飯南町《いいなんちょう》の琴引山）と、中国山地の国境にある重要な山が『出雲国風土記』には拾われており、それぞれに興味深い神話を抱えている。

車で行けるような林道が、内尾谷川のはるか奥まで延長されていると聞いたが、登山道は枝道の林道を行くことになる。林道終点の一曲り手前の左斜面に取り付き、道なき道を笹ヤブをこぎながら二十分ほど分け入ると頂上に着く。しかし、道を右にとりすぎると、大岩が積層しているので危ない。われわれも途中で右へ

亀嵩から見た玉峯山（「いづものの磐座」より）

寄り過ぎ、上から「危ないぞ」と言われた時は、三点確保で岩に取り付いている所へ人の頭ほどの岩が落ちてくるという場面もあった。

頂上近くのオオヤマレンゲの白い群生の美しさとその香りは忘れられない。

玉峯山《たまみねさん》（雲南市）

玉峯山——名前を聞いただけで、どんな山を思い浮かべますか。『出雲国風土記』の中では一番覚えやすい姿です。写真をご覧ください。そうです。岩のごつごつした遠くからでもわかる山です。登ってみると、雄滝・雌滝・子滝・孫滝と滝も多く、標高は低いけれど、変化に満ちた水と岩の山で、家族でのハイキングにはお勧めのコースである。

玉峯山は飯梨川の源流の一つだが、一つ山を越えた伯太川の源流近くにも玉山という山がある。玉山は永江山と一続きと思われる山だが、永江山は『出雲国風土記』には「長江山、水精《すいしょう》あり」と載る山だ。近くには、玉神社もある。玉山も玉峯山と同じ岩のごつごつ目立つ山だ。

玉峯山は『出雲国風土記』には次のように載っている。「昔、お年寄りが伝えていうには、山の上に玉上の神がいらっしゃるので、玉峯というんだよ」。『出雲国風土記』には玉作《たまつくり》社も載っており、山頂にあったとされている。

玉峯山の玉は何を意味するのだろう。実は、この玉峯山も言い伝えでは、水晶が採れたといわれ、今でもこの亀嵩の町の中には玉峯山で採れた一キロ・二キロもある水晶の原石を持つ方もおられるという。

水晶は透明な石英の結晶で、ガラスのような光沢をもち、硬玉と同じ程度に硬いとされる。その利用は、旧石器時代のナイフ形石器に始まり、縄文時代には、石鏃《いしのやじり》や石匙《いしのさじ》などにも用いられ、弥生時代には、勾玉《まがたま》や切子玉などに加工された。

北陸や山陰の日本海域では、玉作り文化が発達していたといわれるが、この玉峯山や長江山は、玉作りの生産加工地として有名だったのだろうと思う。

いつか、タタラ製鉄の話を、安来市の和鋼博物館でうかがった時に、砂鉄と水晶は元は同質のものだと説明を聞いた。そのとき奇妙に玉峯山が思い浮かんだ。この辺は砂鉄の宝庫でもあるのだ。古代の人々はそれを知って水晶を求め、砂鉄を探ったのかもしれない。

玉峯山のかざし岩（「いづもの磐座」より）

もう一つ、「玉」といえば、『出雲国風土記』では神門《かんどの》郡《こおり》朝山郷《あさやまのさと》に「真《ま》玉《たま》着《つく》玉《たま》之《の》邑《むら》日《ひ》女《め》」がいらっしゃる。その朝山郷で水晶の原石でできた陰陽石を見せていただいたことがある。

玉峯山の山頂でも、玉上神を祭って陰陽石を使った古代のお祭りが行われていたのかもしれないなどと想像する。

玉峯山森林公園の駐車場に車を置き、登山のベテラン二人にはさまれて、ゆっくり登ると、大きな岩が現れ、岩の間のトンネルをくぐり抜けると視界が開ける。しばらく登ると山頂で三瓶山・大山・大万木山・猿政山と三六〇度のパノラマが楽しめた。

下山は「コウモリ岩」コースをたどって、かざし岩・窓岩・さめ岩の造形美が楽しめる上に、来待石の八十八体の仏様を拝むこともできた。駐車場から、目と鼻の先に温泉もあり、また、近くの亀嵩駅では、有名なそばを味わうこともでき、様々な楽しみを満喫できた。

京羅木山《きょうらぎさん》「高野山《たかのやま》」（松江市）

ある時、安来市文化財愛護の会主催の「清水広瀬街道を歩く」に参加したことがある。

久しぶりに登る月山富田城《がっさんとだじょう》は、随分と昔に登った時のおもかげはすっかりなくなっていた。初めて登った頃は、細い山道を草をかきわけ、ほぼ一本道で登った覚えがある。今は、侍所に館があったり、広々とした山中御殿に出てきたり、立派な石垣に圧倒され

京羅木山（松江市東出雲町）

たりである。その上に案内の方の具体的な説明を聞いていると、尼子氏を偲ぶと同時に、なんとなく、毛利氏が憎くなってくるから不思議であった。

月山を下りて、コーヒーを飲みながら、つい「何で尼子氏は負けたのだろう。明日はぜひ京羅木山へ登ってみたいね」と言っている自分に驚いた。

翌日、私を含めて三人の女連れで初めての京羅木登山を行った。

『出雲国風土記』には、意宇郡《おうのこおり》の条に山が七つ選ばれている。「長江山、暑垣山、高野山、熊野山、久多美山、玉作山、神名樋野」と書かれている。その三番目の山「高野山」が、今の京羅木山である。場所は松江市東出雲町上意東で、干柿《ほしがき》の里で有名な畑集落にある。

国道9号からはひときわとがった山なので、すぐわかる目立つ山である。昔、雨模様の日に、松江港から美保関へと船で出たおりにも、曇った中でもその姿の美しさでよく判別できた。

なぜ「高野山」と名がついたのだろう。「野」は「草地の多い山」の意ともいわれる。ひときわ「高く」目立つ上に、人々のくらしに役立つ身近な山という気持ちが込められているのだろうか。

『中国治乱記』には「天文十一年、大内義隆京羅木山に陣あり、数日攻め戦ひたれど、富田落ちず」とある。『懐橘談《かいきつだん》』（一六五三年成立）には「永禄八年正月下旬、先登の士、荒隈《あらわい》の本陣より、直ちに富田《とだ》に馳せ向ふ。同二月朔日《ついたち》、元就《もとなり》湖水に船を浮かべ、府中を経て京羅木山に屯す」とある。

初心者にもよくわかる登山道を五十分ほど行くと頂上に出る。西から出雲平野・島根半島・隠岐・弓浜半島・大山を一望にできる雄大な眺めである。日本海の青い色もすばらしい。

大内神社（松江市東出雲町）

東の眼下には月山とその富田城に入る三つの谷が手に取るように見える。大内義隆は長期戦になり、兵糧が尽きた上に、三沢氏・三刀屋氏が寝返ったため失敗したが、毛利元就は、尼子の動きを読み取ると同時に、逆に田畑を焼き打ちにして兵糧攻めで勝った。

どちらにしても、京羅木山は出雲の国の要地である。『出雲国風土記』には山名しか載っていないが、前述の七山はやはり、出雲国の軍事上・交通上、そして経済上の要地であったことが京羅木登山からも推測できた。古代において、すでに中世以上にこの山の価値は活用されていたに違いない。

登山道の途中には荒田越といって、奥出雲へ抜ける道もあったようだ。今は、元就が出雲平定のために建てたとされる総欅造《そうけやきづくり》の金刀比羅宮から登るのがよい。宮内の富士ケ瀬公園の二百本の桜が、春には楽しめると思う。

三瓶山《さんべさん》「佐比売山《さひめやま》」（大田市）

三瓶山――島根県で一番高い山である。写真は浮布池《うきぬののいけ》から見た三瓶山である。浮布池とは、西の原から少し西への道を下ると急に現れる風光明媚な一帯である。池の近くでは、ワラビ狩りやバードウオッチングなど様々に楽しめる。

三瓶山は県の東部の小高い所へ登れば、ほぼどこからでも遠望できる特徴のある山でもある。男《お》三瓶山、女《め》三瓶山、子《こ》三瓶山、孫《まご》三瓶山の四つの峰が「室《むろ》の内」と呼ばれる約一キロ四方の噴火口を取り囲んでいる。

『出雲国風土記』のはじめを飾る「国引き神話」では、島根半島をつなぎとめる杭《くい》となった山として有名である。そういえば、

三瓶山（大田市三瓶町、「いづもの磐座」より）

出雲大社の東背後にある奉納山からの眺めは抜群である。長い白砂が続く薗の長浜――これがつなぎとめる綱となった――その向こうに、丸くなだらかに重なる三瓶山が望め、国を引きたもうた神は、確かに存在したと思わせる。

『出雲国風土記』では、他に「石見と出雲との二国の堺なり」として、三瓶山が紹介されている。出雲市多伎の沖合では、この三瓶山と仏経山が漁師さんたちの標山《あてやま》とされている。昔から出雲の国では、目立つ山として、暮らしの中で大きな役割を果たしてきたのであろう。

「君がため　浮布の池の　菱《ひし》つむと　我が染《そ》めし袖《そで》　ぬれにけるかも」

『万葉集』（奈良時代の最古の和歌集）の中の柿本人麻呂歌集の中の一首である。「大なむち　少な御神《みかみ》の　作らしし　妹背《いもせ》の

人麻呂渡し（江津市松川町、江津市観光協会提供）

山を　見らくし良しも」も同様である。

石見の国に朝廷から派遣され、当時の役人、国司《くにのつかさ》として過ごした柿本人麻呂もこの辺を通り、時に、この浮布の池で遊んだのかもしれない。江《ごう》の川流域には柿本一族が暮らしていたと思わせる伝承や遺跡が少なくない。

江津市には「人麻呂渡し」という船着き場があり、今も土地の人はこの前の道を「人麻呂さんが通りなさった」と伝えている。桜江町には鴨山とも称せられる甘南備寺《かんなびじ》山があり、人麻呂終焉の地の一つともされる。さらにそれをさかのぼれば、この「妹背山」と歌われた三瓶山への道が続く。現実に、西麓には柿本神社、北麓には少彦名《すくなひこな》神社もある。

友人のIさんは、ウサギの冬眠する姿が見られる施設を三瓶に造り、保護観察員になりたいと言っているし、Oさんは山から出ずに木のろくろを回して、木工に忙しい。三瓶山は昔も今も人々を楽しませる山だ。

車山《くるまやま》「暑垣烽《あつがきのとぶひ》」（安来市）

その頃少しずつ『出雲国風土記』が注目を浴びてきていた。平成六年度、安来市立図書館主催で、年六回の講座が「和鋼博物館」で開かれ、平成七年度には、同じように年六回の講座が、旧大社町の教育委員会主催で「吉兆館」で開かれた。どちらも、そのうちの一回は現地視察の機会が設けられた。大社町では、〝海から眺める風土記〟ということで、大社湾から十六島湾《うっぷるい》近くまで小一時間、船に乗った。海が荒れていたが、それなりに貴重な体験となった。

東から見た車山全景（安来市田頼町、「いづもの磐座」より）

安来市では、暑垣烽（車山）登山と決まった。どちらの講座も希望者が多く、四十人程度であった。登山には秋晴れの一日があてられた。

四十人の中にはけっこう、年配の方も多かった。「まあ、たいしたことないですよ。四、五十分歩けば到着しますよ」と気軽に誘ったので、皆さん気軽に集まって来られたふうだった。

登山口は二つあるようだけれど、飯梨川《いいなしかわ》からではなくて、田頼《たより》町から登ることになった。飯梨川からは斜面勾配がきつくて登りにくい。能義公民館の所を西へ入ると車山登山口へ出る。案内板に「烽とは、古代軍事施設。そこで火をたき、煙をあげて行う非常を通報するための合図の施設である。頂上は東西三八㍍、南北二〇㍍の平垣面となっている」と書かれていた。

「暑そうだから半袖で行こうかな」と独り言を言っていると、

車山の山頂（「いづもの磐座」より）

図書館長さんが「スズメ蜂が出ると大変だから長袖がいいですよ」とアドバイス。「まさか」と思いながらも、怖いのでジャンパーを着て登る。地元の人が奉仕でなさる草刈りのお蔭で、登山道も歩きやすい。山頂を公園にして、「市民憩いの場」にしたい意向もあった。

雑木林の中を二十分ほど登ると、ピークに到着するが、ここは頂上ではない。一度下って、枯れ草を踏みしめながら二十分ほど行くと頂上である。実は、一度下ってのあたりで「キャー」という悲鳴が聞こえた。わたしは先頭を歩いていたので気づかなかったが、スズメ蜂が出たのである。やはり長袖を着て帽子をかぶっていてよかったと思った。

頂上に登ったら、用意されたジュースが配られ、素晴らしい眺めとともに至福のひとときを味わった。西は京羅木山《きょうらぎさん》、注意して

車山より大山を望む（「いづもの磐座」より）

みると、茶臼山《ちゃうすやま》も見え、島根半島は眼下に全望が見晴らせる。正面に十神山《とかみやま》とその向こうに広がる日本海、東は雄大な能義《のぎ》平野と大山《だいせん》、背後の南は奥出雲への道が続いている。『島根県史』（大正十四年）には「直径三・三メートルの円形の台があり、深さ三〇センチの穴が検出され、周囲には火を受けた石が八個あった」とされる。確かに、こげたような黒石が数個散見された。

嵩山《だけさん》「布《ふ》自《じ》枳《き》美《み》高山《だけのやま》」（松江市）

米子の町の人はこの山を「キューピーさん」とか「寝仏《ねぼとけ》の山」とか名づけている。

米子市の方角からは、ちょうどそんな姿に見えるのである。ほとけの頭の部分が和久羅山《わくらやま》、胸から下の部分が嵩山《だけさん》である。島根半島の中では特徴のある山の姿で、宍道湖を通して、あるいは中海を通して、遠望するのに目印となる山である。

『出雲国風土記』の中では、「島根郡《しまねのこおり》」の中の第一番に載る山で「布自枳美高山。郡家《ぐうけ》の正南七里二百一十歩なり。高さ二百七十丈、周り一十里なり。烽《とぶひ》あり」とある。烽とは、非常の時に狼煙《のろし》をあげて急を知らせる施設のことである。烽の職員として、各烽に四人を置き、交代勤務をさせたといわれる。

勤務の内容は「昼夜、時を分かって望み、もし烽を放つべき時は、昼は烟を放ち、夜は火を放つ。夏の烟は一刻を尽くし、火は一炬を尽くせ」と軍防令に書かれているそうである。

『出雲国風土記』には、出雲国全体に五烽が記載されている。その中でも、この布自枳美高山は重要な地点にあり、どこから見ても目立つ山である。

西南の方より見た嵩山和久羅山
（松江市上東川津町、「いづもの磐座」より）

ということは、登ってみると四方に遠望のきく山であり、特に海・湖への守りに強い場所といえる。この山へは、随分と昔に親友と登った思い出がある。

急に誘われて、天気の良い日曜日、二人で登山道を探しながら登っていった。頂上に小さな鳥居があったことを覚えている。眼下に中海を見ながら、半分現実、半分夢のような気分で「男と女」の話をしたように思う。

今から思うと、その時すでに親友は熱烈な恋のただ中にいたと知れるのだが、当時は、木立に囲まれ、海を見ながら世俗を離れての議論のように受け止めていたのは若気の至りであった。

和久羅山は、『出雲国風土記』では「女岳山」と記されている。二六二メートルの低い山である。

全国でも美しい橋として名高い松江大橋から眺めると、私には女の人が横たわる姿に見える。その美しい胸の形は、女の私でもドキッとするほどである。女岳山と名づけられたのも、そういう意味なのかと勝手に解釈している。

美保関線のバスで、「嵩山入口」下車から四十分、あずま屋ふうの休憩所に到着する。特に夜景が素晴らしいので、家族連れでテント持参で登れば、もっと古代の暮らしが偲ばれるかもしれないと思った。ただし、現代では山で一夜を過ごすのは、とても危険である。

旅伏山《たぶせやま》「多夫志烽《たぶしのとぶひ》」（出雲市）

五月三日、連休の真っ最中に朝日山と同じメンバー三人で旅伏山に登った。旧平田市の名刹「康国寺」の麓に車を置いて、登り

都武自神社（出雲市国富町）

始める。

一時間近く、整備された山道を歩くと、小さな木の鳥居が見える。「都武自《つむじ》社」である。延喜式《えんぎしき》に載る神社であるが、祭神は風の神、速都武自和気命《はやつむじわけのみこと》を祀っている。

なぜ、風の神なのかということであるが、この出雲北山ルートには中国自然歩道が康国寺から出雲大社までついている。その途中に鰐淵寺《がくえんじ》があり、韓竈《からかま》神社がある。どちらも、青銅に関係するものといわれ、事実出雲大社の背後には昭和期まで採掘していた鷺《さぎ》銅山もある。つまり、鉱石の精錬には、つむじ風が必要であり、古代において、この辺はそれをなし得たと推定されている。

「都武自社」から二〇〇メートルで「多夫志烽《たぶしのとぶひ》」（『出雲国風土記』に記載）があったとされる山頂に出る。東に松江、宍道湖、南に斐

旅伏山山頂（出雲市国富町）

伊川、出雲平野を眼下にし、さらに縦走路の西には、北山最高峰の鼻高山《はなたかせん》を望める。

山頂には三十人ほどの人々が三々五々たむろしている。家族連れ、若者グループなどである。意外だった。連休には、みな有名な観光ルートへ流れていると考え、まさか狭い山頂にこれほどの人がいるとは思わなかったのである。

「なんで旅伏山に登ることにしたのですか」と私。「いつか登りたいと言ってたでしょ」と友人。

そうか。『出雲国風土記』には、五烽が記載されている。暑垣《あつがき》烽（安来市の車山）、布自枳美高山《ふじきみたけのやま》（松江市の嵩山《だけさん》）、馬見《まみ》烽（出雲市の大袋山《おおぶくろやま》に比定）、土椋《とくら》烽（大社町の壷背《つぼせ》山に比定）、多夫志烽（出雲市の旅伏山）の五烽である。

多夫志烽だけ登ったことがなくて、ぜひ一度とかねがね思って

康国寺庭園（出雲市国富町）

いたのが、ついつい口に出たようである。でもそれを覚えていて下さって、実現して下さったのは嬉しい。
　烽というのは狼煙《のろし》山のことで、軍事上の急を速報するために備えた山のことである。事実、この五烽は、やや台形の姿をしており、山頂に烽台や兵士の宿泊所を置いたとされる。
　昼食を済ませた後、鰐淵寺へと下った。鰐淵寺からバスに乗り、車まで帰るためである。八百屋お七の墓の前を通って山門へとおりた。が、バスは午後一便だけで、一時間前に出発したあと。それからはひたすら歩いて康国寺へと戻った。康国寺へ参詣し、いただいた抹茶を味わいながら見た枯山水の借景となった旅伏山の美しかったことはいうまでもない。

坪背山《つぼせやま》「馬見烽《まみのとぶひ》」か（出雲市）

ある時、「出雲国風土記を歩く会」（代表・加島義雄氏）に参加させていただいて、坪背山（大社町杵築北・三八五メートル）に登った。案内のパンフレットには、対象とするのは「古代史を学び、郷土を愛する人で、健康で元気のある高齢者」とあった。三十人ばかりのほとんどが高齢者の方でリーダーのおふたりは七十歳は優に超えた方であった。

坪背山は『出雲国風土記』では五烽の一つとして載る。「坪背山、大袋山、旅伏山、嵩山、車山」の五山が烽《とぶひ》として、軍団の次に記載されている。軍団としては「意宇《おう》軍団、熊谷《くまたに》軍団、神門《かんど》軍団」が載る。

烽とは、緊急時に狼煙《のろし》や火をあげ、変事を国庁や軍団などに伝える施設のこととされる。五烽のなかで四烽はすでに取り上げたが、最後になったのが、この「馬見烽《まみのとぶひ》」である。『出雲国風土記』では「馬見烽」と載っているが、現在の山としてはほぼ坪背山と考えられている。

他に浜山（出雲市浜町、四七㍍）説もある。その理由はかつてこの辺を「馬見浜村」と称したこと、大社海岸への遠望もきき、他の烽への連絡も可能であることなどによっている。どちらを馬見烽とするかは、両山へ登って自分で確かめて決定されるのも一興かもしれない。

今回は坪背山へ登ってみることとした。

出雲大社の西にある因佐《いなさ》神社、長谷寺前を通り、北よりに折れる道を二十分ほど登ると、民家がある。その前を通してもらって、さらに山中のしっかりした道を三十分ほど歩くと、ビニールテープの標識があった。まっすぐ北へ行くと、太々山《ただやま》から鷺浦《さぎうら》へ抜ける道なので、そこで右折をして二十分ほど行くと、なだらかな山頂に到着した。別名「鍋の平」と呼ばれる山頂なので、樹間から見え隠れする景色を楽しみながら、平坦な山頂をだらだらと歩くことになる。

坪背山道の石柱（出雲市大社町）

民家で飼われている犬だろうか、遠吠えが聞こえたり、麓には出雲大社本殿が鎮座なさるので、かすかな笛の音が聞こえたりした。

頂上付近で昼食をとり、樹間で記念撮影をする。その辺には石柱らしきものがあり、何か境界を示しているかとも思われた。坪背山は鷺銅山へも続いており、長い間にぎわった所だとも考えられるが、今日は三十人ほどの元気な声がこだまし、かつてをしのばせていた。

昼食後、南へと山を下りると、斐川一畑大社線のバス通りへ出た。三十分ほどで大社に着き、みなで参拝をして、無事家路についた。

大袋山《おおふくろやま》「土椋烽《とくらのとぶひ》」（出雲市）

「大袋山へ行きたい」という願いを、昔、中国電力に勤めていてあちこちに鉄塔を建てて歩いたという、七十歳を過ぎても、ますます元気な方が実現してくださった。こう書いてくると、私はいつも誰彼なしに「山へ登りたい、連れて行って」と言っているような気がするが、正直そうかもしれない。とくに『出雲国風土

大袋山（出雲市稗原町）

記』に載っている山には、興味を感じ、ぜひ登りたくなるのである。出雲国に数多い山の中から、何故その山が選ばれたのか知りたくなるのである。その山に神話でもあると、ますますそそられてくる。

大袋山は『出雲国風土記』では「土椋烽《とくらのとぶひ》」といって『出雲国風土記』に記載される五烽のうちの一つである。烽とは、危急の連絡をとる信号として、山頂で、夜は火を焚き、昼は煙をあげた。状況に応じて、火・煙の大きさや数を焚き分けて、常に迅速な連絡をする古代の軍事施設であったといわれる。

大袋山は付近では群を抜いて高く、馬見烽《まみの》（大社町壺背山）、多夫志烽（出雲市旅伏山）との交信が容易であり、三刀屋方面（風土記時代に熊谷軍団があったとされる）へ信号を送る拠点でもあっただろう。

登ったメンバーは七十を超えた女性の方、六十過ぎの男性の方、そして先導は七十幾つのKさんと私の四人である。三人は全く行ったことがなく、Kさんが頼りである。

出雲市稗原町《ひえばらちょう》と三刀屋町《みとやちょう》所原《ところばら》の境にある山である。稗原要害山と相対している。大袋山に南面し、峠に向かう次の曲り道に、消えかかった標識「大袋山登山口」が立っていた。

近くに民家の駐車場があったので了解を得て置かせてもらった。そこで、登山口を確認するけれども要領を得ない。どうも北側のなだらかな尾根筋を登るのが本道らしい。が、標識の道を歩き始める。Kさんの腕を信じてである。やぶに入りだし、かすかに残る踏み跡を頼りに、急な斜面をかき分けながら登る。所々、木にテープが張ってある。だれかの目印を伝っていく。えらい。大変だ。どうかすると滑り落ちそうになる。出発もゆっくりして

左が斐伊川、中央が城名樋山（雲南市木次町、「いづもの磐座」より）

いたので、そろそろ腹もすき、やや頂上近くの竹やぶで昼食をとる。後の二人はここで待つと言われるので、Kさんと私と頂上を目指して道なき所を直登する。二メートル近い長い柄《え》の鎌の先を木に引っ掛けて、Kさんが登る後を「これは登ったら最後、下りられないかもしれないな」と思いながら、必死について行く。

頂上には、二等辺の三角点があり、平坦になっているが、少し見晴らしが悪いので、Kさんが周りをきれいに伐採《ばっさい》なさる。うーん、やっぱり良い所だ。もう少し整備されれば、と惜しい気がした。

「城名樋山《きなひやま》」（雲南市）

「尺《しゃく》の内《うち》という地名は、もしかしたら柵《さく》の内《うち》かもしれませんねぇ」

雲南市木次町から雲南市加茂町へと国道54号を走ると、木次工業団地のある辺りは「尺の内流通団地」とされている。確か54号で切り割らなければ、加茂町は斐伊川の豊かな流域にあり周囲を小高い山脈を柵として守られているという感じになっていたと思われる。国道の西には柵の一つの妙見山が見える。北斗七星をお祀りした跡が現在も散見されるという、眺望のよい山だ。

『出雲国風土記』ではこの柵のような山々を「城名樋《きなひ》山」と記載している。「城名樋山。オオクニヌシノミコトが、八十神《やそがみ》を伐とうとなさって、ここに城《き》を造りなさった」。城とは敵を防ぐために築いた軍事的構築物とされる。古代では、柵や石垣、または濠・土塁を巡らせたとも考えられている。

『出雲国風土記』では、ほかに「城」のつく地として「城垣《きがき》野《ぬ》・木垣坂《きがきさか》・城紲野《きづなぬ》」が記載されている。木垣坂は、加茂町・大東町から玉湯町・宍道町へ抜ける途中の山地をさしている。城名樋山と木垣坂に囲まれた部分が、現在の加茂町・大東町になり、『出雲国風土記』では「屋代郷《やしろのさと》」にあたる部分と思われる。

「屋代郷。オオクニヌシノミコトが垜を立てて射なさった所である」。「垜」とは聖なる土を盛り、その上に聖なる木を立て、祀ること。つまり、神が降臨することを意味するともいわれ、それが「社《やしろ》」となったともいわれる。

『出雲国風土記』では、この「屋代郷」にだけ、「矢代社《やしろ》、屋《や》代《しろ》社、御代社《みしろ》」が記されている。「屋代郷」は現在の赤川を中心とした広大な平野部をさし、古代では、ここを特に重要な地と考えて、先程の三社を祀ったのだろう。

出雲の国の中で「屋代郷」だけが、なぜ重要で、しかも何に対して守らなければならなかったのかは、全く分からない。が、銅鐸三十九個が出土した加茂岩倉遺跡も、この「屋代郷」に入るといわれている。これも、まんざら偶然ではないのであろう。

麻仁祖山《まにそやま》（松江市）

久しぶりに叔父の家に行った。「この間、とってもいい山に登ったぞ」。叔父は白い紙に地図を書き始めた。誰かに話さずにはいられない様子だった。登るといっても、頂上までアスファルト道路があり、普通車で行けるとのことだった。

行ってみたい。その機会が最近あった。東風の吹く快晴の秋の午後、買ったばかりの野だての茶道具と、湯を入れたポットを持って出掛けた。

やや枯れたススキや小枝が、両端からさし出る道の中をゆっく

独松山より見た中海対岸の忠山（左）、麻仁祖山（右）

りと車で登っていった。助手席にいる友は所々から景色を望めては、時折歓声をあげていた。

頂上に着いた。鉄塔の奥に、かなり広い平坦地があった。座布団を敷いて、抹茶をたてた。「北風《ナライ》、ソコソコ、東風《コチ》、サッパリ」。釣り好きの友の言葉だが、確かに東風は寒い。が、東風が吹くと空は澄み渡って、遠望がきく。

「これ、千酌《ちくみ》湾だよ」と私。「違う、北浦だよ。向こうに見えるのが七類」と友。

『出雲国風土記』では「千酌濱《ちくみのはま》」とされるが、今は北浦。その湾の中の麻仁祖《まにそ》山が、きれいな三角錐に見える。麻仁祖はゾロアスター教の用語だともいわれている。戦前までは、頂上で御神火を焚いてお祭りをしたという。

遥か沖に、隠岐の島前島後がすべて見える。もちろん焼火《たくひ》山も。

（右の写真説明）

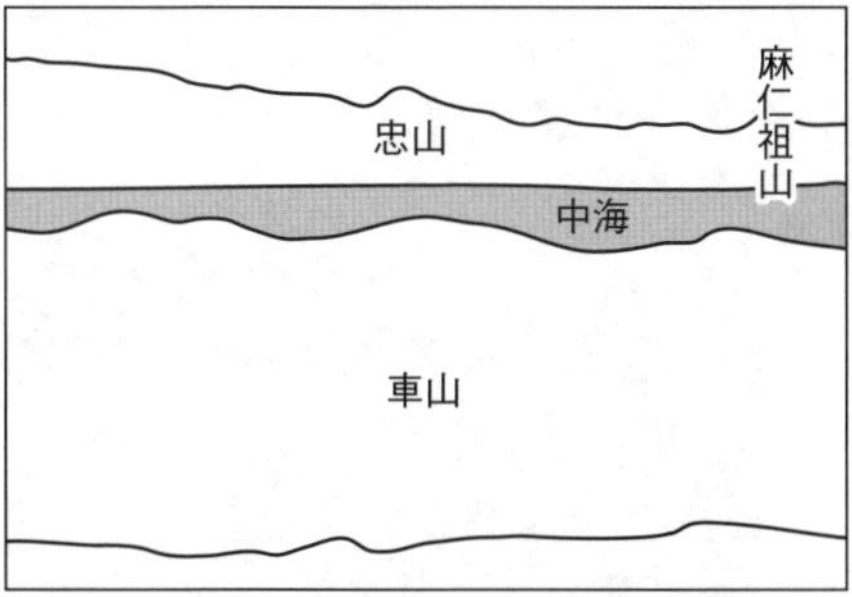

南は大山、孝霊山、南西には三瓶山も。確かに凄い。眼下には弓浜半島、中海全体が見える。

『出雲国風土記』には「大鳥川。源は墓野《はかぬ》山より出でて、南に流れ、東に流れて入海《いりうみ》に入る」とある。この「墓野山」が、今の登っている忠山である。

叔父の言う通りだった。忠山へ行くには、国道431号を長海《ながみ》神社の所から北へ曲がる道を行く。『出雲国風土記』には通道として出雲国庁から、千酌駅家《ちくみのうまや》へ抜ける道と書かれている。古代より重要な街道であったと考えられる。

荒神谷《こうじんだに》から加茂岩倉《かもいわくら》へ（出雲市・雲南市）

全国一の銅鐸《どうたく》出土地となった加茂岩倉遺跡（雲南市加茂町）で、

仏経山と高瀬山全景

出土状態を示す最後の現地見学会が開かれたときのことである。一応の説明を聞いた後、去りがたくて、現場におられる地元の方とおしゃべりに花が咲いた。

「出たときは、もっともっときれいな色だったが」と、おばさん。

「わしやつは小学校のときは、この山の上の道通って行ったが」

「そげそげ、その上に古代山陰道があるがなあー」

やはり、一度歩いてみたい。銅鐸出土の報に触れたときも、ふと中国自然歩道がこの辺にあったはずと思ったからである。

考えてみれば、荒神谷遺跡をとり囲む丘陵地は、せいぜい標高三〇〇㍍。二十分ほどかけて、山頂近くまで登れば、あとは水平に移動することで仏教山へも荒神谷へも行けそうである。今のハイウェイを通るよりは距離的には数倍近い。

もしかしたら、銅鐸をもって古代の人々が歩いたかもしれない

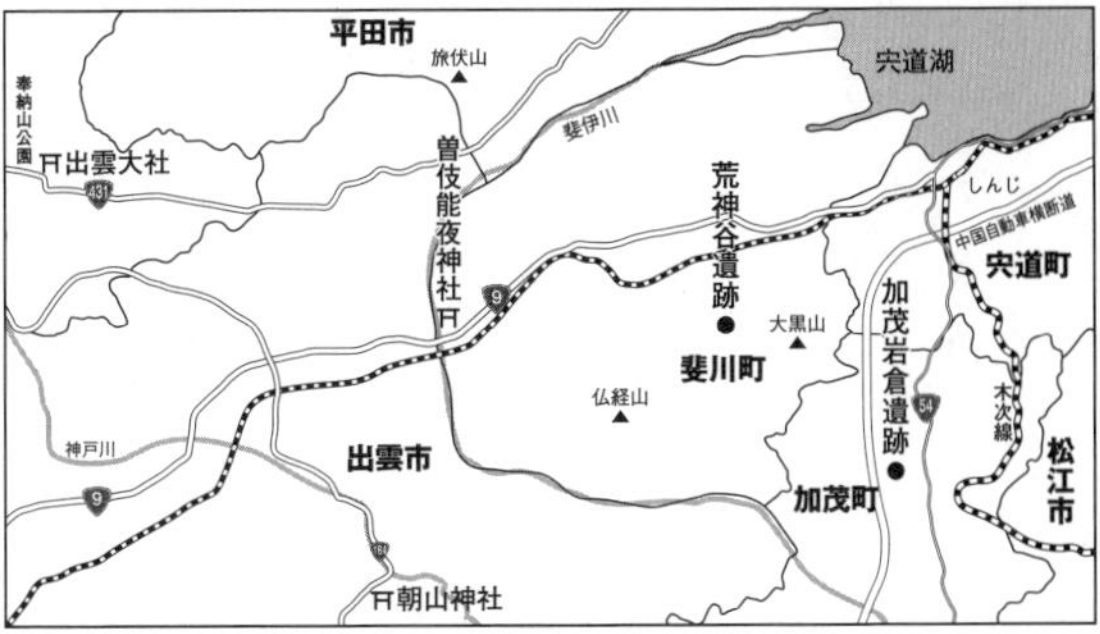

道の一部を歩く機会を得た。国際チャレンジデーの企画としての（平成九年加茂町・斐川町教育委員会共催）「出雲古代ロードウォーク」に参加できた。参加人数を国際的に競う試みで、前年は加茂町は、町人口の七割以上の参加人数を記録して、全国一となったそうである。

荒神谷の駐車場へ車を置き、出土場所で銅剣三百五十八本について、出雲型と呼ばれることや、その九六％に×印のあることなどの興味深い説明をきいた後、蓮の植わる田の横道を通って農道へ出ると、高瀬山へと登りだした。

二つの遺跡の中心に位置する山として急に注目を浴びた大黒山は『出雲国風土記』では、宇夜都辨命《うやつべのみこと》が天降《あも》りました山とも考えられる。その神が「清水が涌く山だから、高清水と名付けよう」とおっしゃったので、高清水山になり、それがなまって高瀬山となったと伝えられている。

現在、大黒山には大国主命が祀られ、宇夜都辨命はその南の丘の岩に祀られているという。高瀬山は山中鹿之介の時代に尼子の最後の砦となった堅固な山城でもある。

宇夜谷口から三の丸へ、七曲り坂を経て二の丸へ、駄置場《だおきば》から甲の丸へと登りつめると、平地になり、出雲平野・宍道湖・松江・加茂・大東・木次、そして中国山地が見渡せる。加茂岩倉も眼下の丘の東の陰に当たると推測される。

『古事記』には、垂仁天皇の皇子《みこ》ホムチワケノミコトのお話がある。大人になっても口をきかないホムチワケノミコトがクグヒ(白鳥)を見て片言をいう。クグヒを追いかけると、とうとう鳥取まで来てしまったとある。『新撰姓氏録』(八一五年奏進)という本では、この宇夜江でクグヒを捕えたと書かれている。出雲大神の祟《たた》りとも考えられている。

ククヒが何を意味するのか、宇夜都辨命もホムチワケノミコトもどんな神様なのか。中央の勢力がどんな形でやってきたのか。すべて謎であるが、この山道を歩いていると古代人のにおいが感じられる。

一行は梵鐘で有名な光明寺へ行き、昼食をとり、笹の美しい山道を下って、加茂岩倉へ到着した。

第五章　地名の中に神様がひそんでいる?

石宮神社全景（松江市宍道町、「いづもの磐座」より）

石神様が地名の由来？（松江市宍道町）

新年のスタートにあたり、人並みに何かを祈念して、この一年を心して過ごしたいと考え、初もうでをする。行ったのは松江市宍道町白石《はくいし》の石宮神社と女夫岩《めおといわ》遺跡。前者は白石字石の宮、後者は字宍岩《ししいわ》にある。

二つとも『出雲国風土記』の「宍道郷《ししじのさと》」の地名起源に関係する。

「宍道郷。天《あめ》の下《した》造らしし大神の命《みこと》の追ひ給ひし猪《しし》の像《かた》、南山に二つあり。猪を追ひし犬の像、其の形、石となりて猪と犬と異《こと》なることなし、今に至りても猶《なお》あり。故、宍道《ししじ》といふ」

どちらにしてもそれらしい石があり、古来より祭祀遺跡として祀られている石神である。特に石宮神社では、犬の像の石は、御神体とされ、その前に拝殿が置かれている。大神様にゆかりのある石が、いつか神そのものとなり、人々はその周りで夜を徹して祈り、われを忘れたのだろう。

女夫岩遺跡には、その下のちょうど岩を拝む位置に女夫岩 溜《たまり》池《いけ》がある。この二つをセットにして、祭祀を考えると『万葉集』の巻九に載る「筑波嶺《つくばね》に登り、嬥歌《かがい》をなす日に作りし歌」にぴったりの場所になる。大昔から人々は秋の収穫祭に集まり、神とともに飲食し、歌い、舞い、嬥歌を行ったとされる。

「乙女壮士《おとめおとこ》の往《い》き集《つど》い、かがふ嬥歌に、他妻《ひとづま》に、吾《われ》も交《まじ》らはむ、吾《わ》が妻《つま》に、他人《ひと》も言問《ことと》へ」と万葉は歌い「治《おさ》める神の、昔より、禁《いさ》めぬ行事《わざ》ぞ」と続き、この日一夜だけは無礼講で人々は楽しんだと記している。

平成七年秋、松江・尾道線予定地に女夫岩遺跡があることがわ

女夫岩遺跡（松江市宍道町、「いづもの磐座」より）

かり、地元から猛烈な反対運動が盛り上がり、保存することが決定した。
石宮神社には、たくさんの初もうでの人々があり、昔からの信仰の大きさを感じさせた。車で石宮神社から島根中央家畜市場へ向かい、市場の近くに駐車して、山道を十分ほど下りると女夫岩遺跡に到着した。案の定、老夫婦の参拝に出会った。ここへ来ると必ず誰かに出会うのも不思議だった。ご一緒させていただいた。
老夫婦によると、昭和初期まではここは若者たちのデートコースで、中にはめでたく結ばれた人もいたそうだ。確かにそんな雰囲気を醸《かも》し出している。
町名の起源となる物的証拠をもっているのは、全国でも宍道町が唯一つということだそうだが、それを二つも持つ町・松江市宍道町は幸せな町だと思う。

岩壷《いわつぼ》大明神はなめらかな肌？（出雲市西神西町）

「岩壷大明神」は今の出雲市西神西町にある。一キロも西へ行けば湖陵町である。那売佐《なめさ》神社の元宮といわれる場所である。うっそうとした木立の中を渓流が巡り、大岩の幾つかにくぼみができ、水がたまっている。

確かに神秘的であるが、どういう意味があって『出雲国風土記』に載っているのだろう。来るたびに不思議に思っていた。岩壷大明神の北隣に現在は那売佐神社があり、神社の後ろの山には尼子・毛利の戦いで有名な神西城《じんざいじょう》がある。

最初に来たときは、那売佐神社にお参りした後、横の山道を登り、神西湖を眼下に一望しながら、お弁当を食べた。その眺めは、あっと驚くほど素晴らしく、砦としての条件を備えていた。食後には、境内で山菜を摘み、夕食におひたしにして食べたのも、忘れられない思い出である。

「岩壷」って何だろう。そういえば、「三沢郷」の「家の上遺跡」の所にも「石壷神社」（現在は消滅）が存在した。「家の上遺跡」は、祭祀遺跡とされ、「石壷神社」の拝殿の向かった先には、現在もこんこんと湧き出る泉がある。

三沢郷の由来は『出雲国風土記』によると「阿遅須伎高日子《あぢすきたかひこの》命《みこと》が、きれいな泉の出る沢で、身をお清めになり、罪穢《けがれ》を祓われたので、すっかり健康な御身になられた」とされている。その後「今も身禊《みそぎ》の水として用いることになっている」と続けている。

「家の上遺跡」の直近の湯村温泉も『出雲国風土記』では「川

辺に薬湯あり。一たび湯浴《ゆあ》みすれば、身はやはらぎ、再び濯《すす》げば、万《よろず》の病除《やまいのぞ》く」と書かれている。現在の地名は湯坪となっている。

「壷」の意味を漢和辞典でひいてみると、「宮中への道」となっている。「亜」の部分が、周囲を垣に囲まれた宮への道を示し、「声」の部分が宮にたてられた飾りを示すといわれる。

そうすると、「壷」は禊祓、即ち、みそぎの場所を示し、これから荘厳な場へ向かうことを意味するようである。

「神門郡滑狭郷《かんどぐんなめさのさと》」は『出雲国風土記』では、「和加須世《わかすせ》理比売命《りひめのみこと》を大穴持命《おおなもちのみこと》が、妻問いに通われた時、その社の前に岩があった。その岩の表面がとても滑らかだった」と書かれている。岩坪大明神からは乙立町《おったち》へ道が続いている。『出雲国風土記』の「門立村《とたち》」である。門立村から神戸川へと道は続く。

岩坪大明神（出雲市西神西町、「いづもの磐座」より）

石壺神社は仁多郡と飯石郡の境、岩坪大明神は神門郡と飯石郡の境にある。古代においては境界祭祀の場で禊をすることで、次の世界へ入っていくことができたのかもしれない。

石壺《いわつぼ》はみそぎの場？（奥出雲町）

「あの山を越えると、奥出雲町仁多の鴨倉ですよ」。「家の上遺跡」へ案内してくださった方が、目の前の山を指して、そうおっしゃった。これには参った。重要な遺跡がこれほど隣接しているとは。場面は「風土記を訪ねる会」で「家の上遺跡」を見学していたときのことである。

「家の上遺跡」とは、斐伊川の中流域、ヤマタノオロチ伝説のテナヅチアシナヅチが住むという万歳山と、オロチが住むという

中央の森が石壷神社（現在消滅）
（雲南市木次町、「いづもの磐座」より）

天が淵を通り過ぎて、五分もさかのぼった所にある。場所は雲南市木次町平田である。

新しい「三沢郷」ゆかりの地として発見された水辺の祭祀遺跡である「家の上遺跡」へ案内して下さった時のことである。遺跡の隣には亀山があり、その山の麓には石壷神社（現在は消滅）もある。そこは斐伊川の水辺で古代の水路も造られており、祭祀に使われたのか、高杯や土馬も出土している。遺跡の横の民家の庭からは今もこんこんと湧き出る泉もある。

「三沢郷《みざわのさと》。大穴持命《おおなもちのみこと》の御子、阿遅須伎高日子命《あじすきたかひこのみこと》は、ひげがのびる年になっても、夜昼泣いて口をきかない。困った父神は願をかけ、御子が口をきく夢を見る。夢からさめると、御子は初めて『御沢』と言う。御子は歩きだし、石川を渡り、坂の上で『ここだ』と言って止まる。そこにはきれいな泉の出る沢があり、御子は沐《もく》

三沢神社（奥出雲町）

浴《よく》をなさった。それから、国造《くにのみやつこ》が朝廷に祝詞を奏しに行くときは、この水で禊《みそぎ》をする。ここを三沢《みざわ》という」

『出雲国風土記』に載る「御沢」がこの「家の上遺跡」ではないかということであった。そういえば、石壷神社の本殿もこの泉に向かっているような気もする。

が、「御沢」推定地は、まだ他にもある。奥出雲町鴨倉にある三沢城の中の「三沢池」とも、また三沢原田にある「三津池」ともいわれている。前者は城山の中ほどの木立の中にあり、「刀研《かたなとぎ》池《いけ》」とも呼ばれ、神秘的な趣がする。後者は、三沢城の東辺に位置し、広い斐伊川沿いで、いかにも山陽への街道に当たる要地の趣がある。

推定地三ヵ所とも隣接することを考えると、この辺がやはり重要な地であったのだろう。地図でみると、風土記時代の三沢郷の

刀研池（奥出雲町教育委員会提供）

最北端部である。三カ所の中で特に「家の上遺跡」は、斐伊川と阿井川の交流地点にあり、まさに、伯耆の国と備後の国へ行く分岐点にもあたる。

古代において、水路の交点は街《ちまた》ともいわれ、交通上の要地であり、人々の集合地であり、境界祭祀の場でもあったといわれる。そこで禊《みそぎ》をすることで次の世界へ入っていくことができたのであろう。

磐鉏《いわすき》は開拓の印？（飯南町）

「スキっていうのはスコップのようなものでしょ。土を起こす道具よね」

「スコップだったら、土木工事には欠かせない道具だ。クワをもって工事に行く者はいないよ」

私が「鍬《くわ》」と「鋤《すき》」の違いを友人に尋ねたときの会話である。

確かに「鍬」と違って「鋤」は土を反転させる道具である。「鍬」よりも「鋤」の方が土の重さがよけいにかかっていく道具のように思う。

「磐鉏川《いわすきがわ》。源は箭山《やのやま》より出で、北に流れて須佐川に入る。年魚《あゆ》あり」。

『出雲国風土記』の「飯石郡《いいしのこおり》」の所に「磐鉏川」の説明が書かれている。

十一月下旬、早々と降った雪の中を「風土記を訪ねる会」の方々と、飯南町を歩いた。赤来町の向谷川と赤名川の合流地点に「出雲風土記所載磐鋤」と呼ばれる「磐」があり、しめ縄をかけて祀られていた。

出雲風土記所載磐鋤（飯南町、「いづもの磐座」より）

その説明板には「今石神社の御霊代《みたましろ》であるこの岩は、伊毘志都《いいしつ》幣命《べのみこと》が大磐石を鋤にして飯石の開拓を行ったと伝えられる飯石郡三刀屋町の飯石神社の御霊代の岩と同じく、全国的にも珍しい開拓のモニュメントである」とあった。

赤名川に合流する川の一つに波多川がある。『出雲国風土記』では「波多小川」の説明のなかに「鉄《まがね》あり」と記されている。もしかしたら「磐」は赤名川流域より産出する砂鉄を意味するのかもしれない。「磐鋤」は土木工事に必要とされる鉄製の鋤であり、それはまさに開拓のモニュメントであったとも考えられる。

同じく『出雲国風土記』の「飯石郡」には「野見《のみ》・木見《きみ》・石次《いわすき》の三野、並びに郡家の南西四十里なり」と記されている。この三つの野はすべて現在の赤来町に在るとされている。行ってみると、なるほど中国山地の山あいには珍しい広々とした丘陵地が続いている。中心部あたりが「石次」である。山を切り崩し、砂を採り、広々とした田にした感じのする平野であるが……。

「野見」は『日本書紀』に名を残す「野見宿禰《のみのすくね》」の本拠地だとする説もある。垂仁天皇の時、野見宿禰は大和に上り、当麻蹶速《たいまのけはや》と相撲をとり、勝った後、天皇に仕えたとされる。その後、天皇に殉死の風習をやめて、埴輪を勧めたとも伝えられる。中央の大和で大きな権力をもった人物である。もし出雲国出身とすると、飯南町が「磐鋤」に象徴される鉄の威力をもっていた点や、出雲の国と吉備の国との交通路の重要地であった点を加味して考えてもよいかもしれない。

斐《ひ》伊《い》川の元は「樋《ひ》」？（木次町）

『古事記』の国生みの話から始めたいと思う。

昔むかしのこの国の生まれは、天と地が初めて分かれたことから始まる。天界で三柱の神が生まれるが、みな、配偶神のない独《ひとり》神《がみ》としてお成りであった。その後「この世のすべてのものが、豊かになり、生み殖《ふ》えて、地に満ちよ」との考えから、男神と女神がお成りになる。

男神がイザナギの神、女神がイザナミの神である。この二柱の神はオノゴロ島へ天からお降りになり、聖なる天の御柱を立てて、お互いに結婚しようと、誘い合われる。

こうして、次々と営まれた結果、八つの島々が生まれ、大八《おおや》

斐伊神社扁額（雲南市木次町）

斐伊神社から見た景色（雲南市木次町）

島国《しまのくに》ができあがる。国生みをなさった後は、岩、石、土、家屋の神々をお生みになり、次に海、港、風、木、山、野の神をお生みになったとされる。

国の体裁が整った後では、船の神、食物の神をお生みになり、最後が火の神。しかし、女神イザナミの神は火の神をお生みになったために、とうとう、身を焼かれて、お亡くなりになってしまうのである。

男神イザナギの神は嘆き悲しみ、お怒りになり、自らの剣で火の神をお斬りになる。その血からほとばしり生まれた神々が甕速《みかはや》日《ひ》の神、樋速日《ひはやひ》の神、建御雷《たけみかづち》の神である。

さて、この「樋速日の神」が『出雲国風土記』にも載っている。それは、大原郡斐伊郷の条である。『出雲国風土記』に載る郷の中では一番狭い郷とも考えられている。

「斐伊《ひ》の郷。樋速日子命《ひはやひこのみこと》、ここに座ます。故、樋《ひ》という。神亀三年、字を斐伊と改む」。と載っている。また、大原郡の神社としては次の神社も載っている。

「矢口《やぐち》社・宇乃遅《うのち》社・支須支《きすき》社・布《ふ》須《す》社・御代《みしろ》社・神原《かむはら》社・樋《ひ》社」この順序で載っている。これらの神社は現在の地図で推定してみると、斐伊川と赤川にはさまれた三角洲に集中している。その中心にあるのが、樋社、現在の斐伊社である。斐伊川も出雲国の中心を流れる重要な川であるが、赤川も重要。赤川には、木次に通じる佐世川、仁多に通じる阿用《あよう》川、八雲に通じる海潮《うしお》川、玉湯に通じる遠所《えんじょ》川、加茂に通じる岩倉川がそそいでいる。

現在、奥出雲町から雲南市木次町へ抜ける谷を樋の谷というが、昔は八俣大蛇《やまたのおろち》の出そうな谷であった。樋とは、川の水を流す樋《とい》のことを指すともいわれ、落差をつけることにより、砂と鉄を分けたようである。鉄を採り、タタラを行った技術集団の崇敬する神が、樋速日子命だったと思われる。

葦原神社（出雲市西西郷町）

「原」は交通の要地？

「原っぱ」ってどんなイメージですか？「平で広い土地。特に、耕作しない平地」と国語辞典には書いてある。漢和辞典には

川原神社（雲南市大東町）

「広くて平な土地。高原」とある。『出雲国風土記』には「原」のつく神社が合計十二社載っている。

意宇郡では市原社、国原社、河原社、嶋根郡では川原社、田原社、楯縫郡では葦原社が三社、仁多郡では大原社、大原郡では神原社、日原社、川原社での十二社である。

「風土記を訪ねる会」のメンバーで、仁多郡の大原社を訪ねた時、問題になったことがある。それはなぜ、「大原郡」になくて、「仁多郡」に大原社はあるのだろう。大原社は現在奥出雲町の下阿井にあるからだ。

地図で見ると、三次へぬける目貫通りともいうべき、王貫峠《おおぬき》のすぐ麓である。行ってみると、吉備の国から来れば、まさしく「大原」ともいえる開けた高原で、古代の遺跡も幾つか発掘され、風土記時代には、郷庁、正倉のあったといわれる場所である。

神原神社（雲南市加茂町）

それでは、他の十一社の場所はどんな所だろう。意宇郡市原社は今も地名が東出雲町に残るが、海路・陸路の市の成す原っぱで、昔は駅《うまや》が置かれ、にぎやかだったと推察される。

国原社、河原社は、まさに熊野大社の周囲で、人々の行きから重要な高原と考えられる。

嶋根郡の川原社は昔、郡家（郡役所）があった場所だし、田原社は法吉郷の中心で、郷庁もあったようで、恵曇浜から来た人々により、早くから開拓された場所だと思う。楯縫郡の葦原社は十六島湾《うっぷるい》へ抜ける平田市では今も便利のよい場所で、昔は、郷庁や新造院（寺のようなもの）のあった所である。

いよいよ郡名にも「原」のつく大原郡ですが、川原社は海潮温泉の所で郷庁もあったようだし、日原社は、仁多郡への通路でやはり、郷庁があったようだ。

移築前の神原神社本殿下に在った古墳（雲南市加茂町）

これらの十二社の中でやはり一番重要なのは、名称からも分かるように、神原社である。大原郡の神原郷の神原社で、ここは大国主命の神財の置かれた所と書かれている。「原」は早くから開拓された地と考える。

「大原」は平原？・湿原？（奥出雲町下阿井）

今日は「風土記を訪ねる会」で大原神社に行くことにした。行く前から、なぜ大原神社は大原郡になくて、仁多郡にあるのだろうと、不思議に思っていた。大原神社は『出雲国風土記』には、仁多郡三沢郷に記載があり、現在も奥出雲町下阿井に祀られている。元宮は少し離れた所にあったとも考えられている。

行ってみると、阿井の盆地のたたずまいがすばらしく、仁多郡

大原神社（奥出雲町下阿井）

では珍しいくらいの広い平原で、まとまった中心地の雰囲気をもっていた。神社そのものも立派で、背景にはタタラ（製鉄）の力の大きさも感じさせた。

見学が終わってから、皆でなぜ大原神社が仁多郡にあるのか、「大原」の語源的な意味は何だろうか、話し合ってみたが、結論は出なかった。

もしかしたら、砂鉄を採る時の鉄穴《カンナ》流しによってできた「大きな原」という語源も考えてみたが、それは近世の鉄穴流しのことで、風土記時代には、そんな大作業はなかったと否定された。

数日して、地理のK先生と話す機会があった。「原ってどういう意味だと思います?」「僕は原というのは、もともと湿原を意味していると思います」

なるほど、湿原とすれば、古代においてもとても重要な土地である。だって、湿原に生えている草を数え上げても菅《スゲ》、薦《コモ》、葦《アシ》、荻《オギ》、藺《イ》などである。いずれも古代では暮らしに欠かせない生活用具の材料として最も重要なものである。

菅は夏、刈り取りをして、笠や蓑《みの》に作る、薦は荒く織ってむしろとする、葦は茎で簾《すだれ》に作る、荻は屋根をふくのに使う、藺は花むしろや灯心として用いる、――などなど、きりがない。最近、縄文時代の遺跡からきれいに編んだ篭や網などが出土している。

『出雲国風土記』の大原郡の説明には次のようにある。「大原と名づくる理由は、田十町ばかりありて平原なり。名づけて大原といふ」。

柳田国男著の「片葉葦考」では、片葉の葦に神の依代《よりしろ》を求めようとされている。そういえば、出雲大社の涼殿祭《すずみどのまつり》に敷かれる真薦《まこも》を、人々は争って拾い、夏越《なごし》の災を防ぐお守りにする。また、佐

八口神社（雲南市加茂町）

太神社の御座替《ござがえ》神事は、神の莫蓙を敷き替える一番重要な神事とされる。

大原神社のある下阿井鋳物屋辺は「三沢郷の郷庁」があったともされ、古代人々が集まる栄えた地のようでもある。大原神社については、もう少し一考したい。

「屋代《やしろ》」「御代《みしろ》」は憑《よ》り代《しろ》？（加茂町）

「越《こし》の八口《やくち》を平《ことむ》けむとして幸《いで》ましし時、此の所の林、茂れり」。『出雲国風土記』の中の「意宇郡《おうのこおり》・拝志郷《はやしのさと》」の一節である。

「大神様が、越の国の八口を平らげようとして、お出かけになった時に、この場所の林が茂った。だから、ここを拝志の郷というようになった」

高塚山（雲南市加茂町）

八口って何だろう。この神話から、八口とは越の国のある一族を示すとか、あるいは『古事記』の神話の八俣大蛇《やまたのおろち》を示すとか、いわれる。

その八口神社が、雲南市加茂町にある。大東町を流れて加茂町にそそぐ赤川と、木次町を流れて加茂町にそそぐ斐伊川との合流地点の三角洲の突端部に位置する。

暑い夏の昼下がり、加茂町の案内役の人に連れて行っていただいた。「『八口』というのは、八つの谷を表すという説もあります」と案内の人。そういえば、赤川にも斐伊川にも支流はたくさんある。

「ここには御代《みしろ》古墳といって加茂町最大の古墳もありますし、『御代《みしろ》神社』もあります」。「御代神社」は現在の高塚山という、三角洲の中心の見晴らしのよい山の頂上にあったと思われる。「御

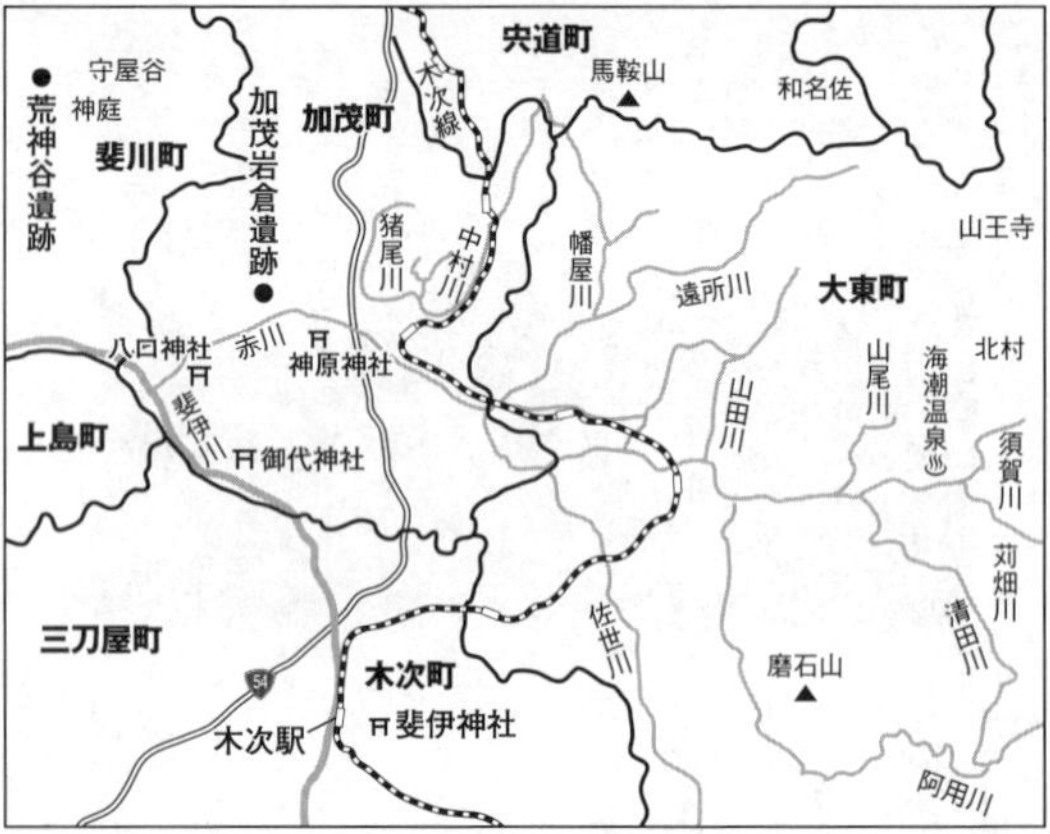

代」とは、神様の憑《よ》ります重要な地を意味するのであろう。「憑《よ》り代《しろ》」である。

「ここら辺り一帯を風土記時代は『屋代郷《やしろのさと》』といい、この奥の大東町一帯を『屋裏郷《やうちのさと》』といいます」。もしかしたら「八口」は「矢口」あるいは「屋口」の意味で、「屋の郷」の入り口の意味なのかもしれないな、と考えだした。そうすれば、「屋」の国一帯はとても重要な中心地であったのだろう。

「加茂岩倉遺跡も『屋代郷』だという説があります。また、今、加茂町の中心にある加茂神社の社額には『風土記社の屋代神社』という銘が掲げてあります」。『出雲国風土記』を見ると、大原郡の最初の役所は、「屋裏郷」に置かれ、その後、「斐伊郷」に移ったと書かれている。

御代神社（雲南市加茂町）

赤川も『出雲国風土記』では「出雲大川」と名付けられており、決して「斐伊川」とはなっていない。海潮川も佐世川も阿用川も『出雲国風土記』では「出雲大川」にそそぐのである。加茂町から大東町にかけては、「屋」の世界であり、「出雲大川」の世界である。

海潮川をさかのぼれば、意宇郡と能義郡の境界に位置する、『出雲国風土記』にいう「笑村《やむら》山」に行き着く。阿用川をさかのぼれば、『出雲国風土記』にいう「大神様が『吾《わ》が御地《みところ》の田』と名付けられた三所郷《みところのさと》（奥出雲町三所）」に行き着く。

「八口神社」をきっかけに『出雲国風土記』に載る重要地と思われる「出雲大川」の世界に行き着いた気がした。

賀茂神社にある扁額（雲南市加茂町）

「埰《あむつち》」も屋代《やしろ》？（加茂町）

ある時S先生と雲南市のYさんとが話している。「そうか、埰はヤシロと読むのかもしれない」。S先生の講演会が終わった後のことである。

「大原郡屋代郷。天の下造らしし大神の埰立て、射たまひし所なり。故、矢代といふ」。

「大原郡屋裏郷《やうちのさと》。古老伝へて言はく、天《あめ》の下造らしし大神、笶《や》を殖《た》てしめたまひし所なり。故、矢内といふ」。どちらも『出雲国風土記』の記述である。

「埰」は漢和辞典で引くと「あむつち」「いくはところ」と読まれている。が、それでは『出雲国風土記』の他の神話が、すべて「読み」による地名神話であるのに「屋代郷」だけ、それに反するのはおかしいということになる。

もし「埰」をヤシロと読むとしたら、ヤシロとは何だろう。埰をいくつか調べてみた。

「埰――積み土。的をたてかけておく盛り土」「埰――編む土とも考えられる。土を盛って的を置く所。矢代は矢場、すなわち射的場」。

ところが『出雲国風土記』の「意宇郡屋代郷」では「天津子《あまつこ》の命《みこと》、『吾が静まりまさむと思ほす社《やしろ》』と詔《の》りたまひき。故、社《やしろ》といふ」と書かれている。ある解釈では「屋は家、代は料の意で、神を祀《まつ》る殿社、または場所をいう」とされている。

神を祀《まつ》る場所というのは、古代においては土を大きく盛り、その上に垂直に高く建てた、その村の人々の的になるような建物があった所かもしれない。

「屋裏郷」の記述を考えてみる。笑については『集韻』では、弓弩矢のことと書かれている。「弩《ど》」とは、出雲市姫原町で出土した弥生時代の弓で、火縄銃のような形の支え木があり、百発百中の弓とされている。

大原郡屋代郷の隣には「城名樋《きなひ》山」があり、「大穴持命《おおなもちのみこと》、八十神を伐《う》たむとして城を造りたまひき」と書かれている。城とは、敵の侵入を防ぐ柵をめぐらせた砦《とりで》の意味とされる。

ヤシロの場所がどんな所か不明だが、S先生は「田和山はヤシロかもしれないね」とおっしゃる。三重の環濠と柵列で守られ、たくさんの矢鏃《やじり》が出土した弥生時代の遺跡である。松江市乃白町に所在するが、元の漢字は「野城《のしろ》」かもしれない。昔むかし、神の坐す所は弩矢と城で厳重に守られていたとも考えられる。

久多美神社（松江市忌部町）

久多美《くたみ》は湧水の地？（忌部町）

『出雲国風土記』によると「出雲国」は九つの郡に分かれている。その九つの郡の中で「意宇郡」が領域としては一番広い。現在の安来市、松江市（大橋川以南部）全体を含んでいる。

意宇郡の山として『出雲国風土記』に載っているのは、七つの山である。長江山（安来市永江峠）、暑垣山（同・車山）、高野山（松江市京羅木山）、熊野山（同・天狗山）、玉作山（同・花仙山）、神名樋野（同・茶臼山）、そして久多美山である。

久多美山が現在のどの山にあたるのか、なかなか分かりにくい。松江市から雲南市大東町へ抜ける途中に、少し開けた平野がある。忌部町である。その東に、独立丘陵の姿の美しい山がある。それが久多美山、現在の黒目山だ。

何故この山が『出雲国風土記』に取り上げられる山なのだろうか。「社あり」と載るので、山頂には神社もあったようだ。久多美社と呼ばれたようである。現在は山の中腹に祀られている。

「久多美」といえば、『出雲国風土記』では「楯縫郡《たてぬい》」に「玖《く》潭郷《たみのさと》」もあり、そこにも「久多美社」が三社載っている。現在は出雲市久多見町の玖潭神社と出雲市東福町の久多美社として祀られている。松江市の久多美山は、出雲市の久多見町地域とも何か関係があるのだろうか。

「風土記を訪ねる会」で忌部町を歩く時に、忌部郷土研究会の方々に少しお話を聞いてみることにした。

「久多美山に登ると、すごく眺めがよいですよ。昔は、宍道湖も一望できました」「平田の久多見からも、この久多美山が見えるそうですよ」。

そういえば、『出雲国風土記』の「玖潭郷」では「大国主命が巡行なさった時、ここにいらっしゃって『はやさめ久多美の山』とおっしゃった」と書かれている。

松江市忌部町も出雲市久多見町も湧水の豊かな地である。この山に登るのが楽しみである。

平田の久多美は「はやさめくたみ」？（平田町）

松江市忌部町の久多美社探訪したので、いよいよ出雲市久多見町の玖潭《くたみ》社とその隣の久多美社を探訪することにした。どんなつながりが発見できるのか、楽しみである。

この場所から大国主命《おおくにぬしのみこと》が「はやさめ久多美山」とおっしゃっ

城山山頂にあったとされる玖潭神社（出雲市平田町）

たのだから、忌部町の久多美山が見えるはずである。

平田の久多美社は久多美小学校の隣なのですぐにわかった。立派な鳥居に「久多美社」の額もかかっている。やっと逢えた恋人のように、どきどきしながら参拝した。

振り返ると、出雲平野の向こうに大黒山がくっきり見えた。この森を少し登れば開けた西の方は玉湯町も松江市も見えそうだった。

玖潭社を聞くと、すぐそこだということだったが、右往左往した。広域農道沿いながら、鳥居は東向きでわき道を入らねば分からない。説明板を見ると「本社は現社地より二十町余り北の城山の要害平の山頂にあった」と書かれていた。これで旧社地から忌部町の久多美山は必ず見えると確信できた。

『出雲国風土記』の「玖潭郷《くたみのさと》」は桧ヶ山《ひのきがせん》と高野寺山《こうやじさん》を源とする

玖潭神社扁額

三つの谷筋を持つ郷である。三津、唯浦へ向かう本谷、野石谷周辺や、塩津へ向かう水谷周辺が「玖潭郷」である。実際この周辺を歩いてみると、思っていた通り忌部町周辺とよく似ている。

　忌部を案内してくれる人が「この辺の田んぼは出水で作ります」と教えてくれた。海抜二〇〇メートル近い忌部高原では、あちこちに湧水があるらしい。それを自分の田畑に引けばよいということらしい、これが耕作にはとても便利だ。

　平田の「玖潭郷」も、高原のようでありながら、あちこちに池がある。その幾つかは、きっと湧水だろう。

　古代の出雲の国で、この二カ所は背後に樹木の茂る深くて高い山を従えており、いつでも豊かな水を供給できる「はやさめくたみ」の地だったのだろう。

「はやさめ」は、水と地の豊かさ?

出雲市の久多見《くたみ》町地域と、松江市忌部町にある久多美山とは何か関係があるのだろうか。

「玖潭郷《くたみのさと》（出雲市久多見町周辺）。大国主命《おおくにぬしのみこと》がすばらしい田んぼの御倉を造りなさろうと巡回なさった。その時『はやさめ久多美の山』とおっしゃったので、ここをくたみというようになった」

忌部町の久多美山の頂上から、出雲市久多見町周辺が見えるという話であるが、現在は眺望がきかない。どこから見えたのだろうか。

「ここは高清水《たかしみず》といって、ここから松江市大庭町辺りまで水を引いて田を潤そうとしたそうです」「ここは大清水《おおしみず》といって、下

宇流布神社（松江市八雲町）

の田を潤した所です」。忌部町熊山端辺での説明を聞いたとき、まさしく、出雲市の久多見町周辺が見えた！　と思った。

つまり忌部町は水の豊かな所だ。今も千本ダムや大谷ダムは松江市の水がめとなっている。忌部高原の高さも好条件の一つだ。「はやさめ久多美山」の「はやさめ」の意味は、水の豊かさを示す言葉なのだと推測する。

案内によると、久多美山の隣の荒田山は別名・荒栲山《あらたえやま》とも言い、山上には織布神社があったという。織布神社が『出雲国風土記』の「宇流布社」の元宮だともいう。

忌部町は古代の産業中心地でもあり、豊かな水と田をもつ地でもあったようだ。出雲市久多見町からもきっと、忌部町の久多美山が見えるに違いない。二つの「くたみ」は大国主命で結ばれていると思われる。

海潮神社（雲南市大東町）

「海潮《うしお》」は「得塩《うしお》」？（大東町）

「海潮」――これはどう読むのだろう。『出雲国風土記』では、「得塩」とも書かれている。よみは「うしお」。雲南市大東町には現在、海潮温泉があり、名湯である。

「昔むかし、おじいさんが伝えた話だよ。宇能治比古命《うのぢひこのみこと》が御祖《みおや》の神である須義祢命《すがねのみこと》を恨んで、北の方から出雲の海潮を押し上げて、とうとう御祖の神を漂わせてしまった。その時この海潮がここまで来たんだ。だから、ここを得塩《うしお》というようになった。またこの海潮の郷の東北の須我《すが》の小川の湯淵村の川の中には、温泉の出るところがある」。これは『出雲国風土記』の中の海潮郷に書かれている内容です。

雲南市は出雲の国の中心に位置して、周りには海がない。どうしてこんな所に海潮温泉という名の温泉があるのだろうとずっと思っていたが、これを読んで少し納得した。でもやはり少し変に思う。

ある時、宍道町から玉湯町を通って大型農道を帰るとき、まだ夕方には少し間があったので、忌部から思いきって南へ曲がって、海潮温泉に行ってみることにした。何十年ぶりのこと。県道24号沿いの海潮温泉の看板を見て、赤川を渡ると旅館街に入る。薄暮れの中、ぼんやり灯がともり、いい感じ。車を止めてこぎれいな宿の玄関に入り、「海潮神社はどこにありますか」と尋ねた。

おかみさんらしい方が驚いた顔をなさったが、そばの仲居さんらしい方が説明して下さった。最後に「何しに来られましたか」と聞かれてしまった。確かに突然、旅館で神社の話をするのは変

須我神社（雲南市大東町）

かもしれない。あわてて、「神社もですが、温泉にも入りたいんです」というと、「市営の温泉もあります」とこれまた親切に教えて下さった。

海潮神社はそこから三キロほど離れた南村地区にあった。『出雲国風土記』に載る神社だが、立て札を見ると、太古以来、この地に祀られているとあった。帰りはそこから八雲町へと抜け、意宇川の源流になる大きな峠を越えると、熊野に出た。地図を見ると、海潮神社・須我神社は、熊野大社の隣に位置する。東西に走るこの山間の道は、古代の出雲にとって重要だったように思う。

『播磨国風土記』の「瞋塩《いかしお》」の条に載る神話である。「大汝《おおなむち》命《みこと》の御子、火明命《ほあかりのみこと》は荒々しい性格で、父神が船で逃げるのを瞋って大水をおこし、父神の船を打ち破った」。得塩の話とよく似ている。もしかしたら、火の民族が水の民族を攻めた話なのかも。

そういえば、火を扱う製鉄の民族には、厳しい作業のため、塩が必ず要るともいわれる。

食塩・硫酸などを含み、平均四十二度の海潮温泉――。浴びると神経痛・皮膚病に効き、飲むと動脈硬化・便秘に効くといわれている。

第六章　古代のくらし・きまり

――役所・寺院・神社から探る――

大原郡の役所はもともと大東町《だいとう》に在った（大東町）

勤め先で帰ろうとしていると、「すすきは要りませんか」といわれた。考えてみると、急に肌寒くなってきたし、今は虫の音がとてもよく聞こえている。陰暦七月十三日なので、月も、街灯のいらないくらい明るい。

当分は陸に上がって、『出雲国風土記』探訪をすることにした。「風土記を訪ねる会」（平成十年七月設立。『出雲国風土記』を研究し、現地を歩く会）を中心に、落ち着いた自然豊かな雲南市をゆっくり歩いていくことにした。

まず、最初は大原郡家《ぐうけ》跡に行った。十人足らずのメンバーで、S先生のご案内で、ふだん訪ねることのできない郡家跡を歩く。

大原郡家跡（雲南市大東町）

郡家は、雲南市大東町と雲南市木次町の二ヶ所にある。特に大東町の郡家跡が興味を惹く。郡家とは郡役所のことである。

「大原と名づくるゆえは、郡家の東北一十一里一百十六歩に、田一十町ばかりありて、平原なり。故、名づけて大原といふ。往古《いにしえ》の時、この所に郡家ありき。今、なほ旧《もと》のままに大原と名づく。今、郡家のあるところは、名を斐伊村といふ」。つまり旧郡家跡は大東町にあり、新郡家は木次町にあると記されている。

今日は大東町中心の郡家跡を歩く。まず、仁和寺の前原には昭和五十三年建立の大原郡家跡の碑があった。そこから少し北に行くと、門見堂《かどみ》という御堂も存在した。その御堂の脇から、弥生時代の土器が出土したといわれている。

「新造院一所、屋裏郷《やうち》の中に有り。郡家の東北一十里一百二十歩なり。層塔を建つ」。郡家から四歩（約八メートル）離れた所に寺ら

大原郡家跡（雲南市大東町）

しきものがあったようである。

門見堂から南東へ下ると、いよいよ地名は大字《おおあざ》郡家である。前原と「あった、あった」。そこにも大原郡家の碑が建っていた。郡家のどちらに郡役所はあったのだろう。

東京から特別参加をなさっていたS先生がいつのまにやら消えた。よく見ると少し先で地元のお婆さんと立ち話し中。その結果、礎石らしいものが見つかった。小字《こあざ》名にも、尾垣、大垣、郡垣があるし、屋号にも堂出、塔庵などがある。

ここの方が眺めがいい。高麻《たかさ》山がこんなにかわいくて、かっこの良い山だとは思わなかった。周囲は古墳群だし、ここは交通の要地でもある。玉造へも、宍道へも、海潮へも、木次へも行ける、台地の原っぱである。この次の新郡家へ行くのが楽しみである。

須美祢社から見た高麻山（雲南市加茂町）

その後、木次《きすき》町に移った（木次町）

「次に、新しい郡家の跡に行きます」

一行は、大東町仁和寺を十分探索した後、木次町に向かうことになった。一行というのは、「風土記を訪ねる会」の一行十人ほどである。案内をしていただく方が交代し、大東町から木次町へと車は移動する。

「はい、降りてください、ここです」

えー、ここで降りるの。一面、コンクリートを打ちつけた、だだっ広い駐車場のど真ん中に降ろされた。ここが、大原郡家の跡だというのである。つまり、昔、郡の役所があったといわれる場所である。

大原郡の新郡家跡（雲南市木次町）

遺跡を示す碑も建っていなければ、それらしい穴とか、石とかもない。東には小高い丘が、西には斐伊川土手が迫り、わずかに北を向くと、「城名樋《きなひ》山」と妙見山の二つの山が見える。

「大原と名づくるゆえは、郡家の東北一十里一百一十六歩に、田一十町ばかりありて、平原なり。故、名づけて大原といふ。いにしへこの処《ところ》に郡家ありき。今なお旧《もと》のままに大原と名づく。今、郡家のある所は、名を斐伊村といふ」。『出雲国風土記』の記載である。

旧の郡家は、大東町仁和寺辺りとされている。何らかの事情があって、そこから移動したと書かれている新の郡家が「斐伊村」つまり、この駐車場辺り（木次町里方辺り）と考えられているのである。

北に望む妙見山は、確かに目立つ姿の美しい山である。妙見山

新郡家跡より遠望する妙見山（左）と城名樋山（雲南市木次町）

頂では妙見信仰、北辰祭が行われていたのかもしれない。北辰とは、北極星あるいは北斗七星をさし、天子あるいは造化三神に例えられるともいわれる。造化三神とは、天地の開けはじめのとき、高天原《たかまがはら》にあらわれて万物を経営したとされる三神で、『古事記』では、天御中主《あまのみなかぬし》神、高皇産霊《たかみむすび》神、神皇産霊《かみむすび》神の三神といわれる。

妙見山頂より少し下を調査したところ、やはり古代の祭器を示すいくつかが出土している。妙見山と城名樋山は、遠望すると、古代人が好んだ双子山のように寄り添っている。

「城名樋山。郡家の正北一里一百歩なり。天の下造らしし大神、大穴持命《おおなもちのみこと》、八十《やそ》神を伐《う》たむとして城《き》を造りたまひき」。『出雲国風土記』では、戦いらしきものを示し、ここが大原郡の中心で重要な地であったことを意味している。

でも案外、この双子山は「鬼名火《きなひ》山」の意味でそれは「神名火《かんなび》山」(神のこもる山の意)を意味するのかもしれない。

近くの木次駅から新造院の塔の礎石も出土しているので、やはりここが郡家跡なのだろう。


仁多《にた》郡の役所は、まとまった盆地に在った(奥出雲町)

風土記探訪の面白さにいよいよ味をしめて、S先生とともに「風土記を訪ねる会」が行われた。一台のバスに乗り込んで、総勢十名ほどが斐伊川を上った。

今回の目的は、仁多郡家《ぐうけ》の探訪。仁多郡家とは、『出雲国風土記』に載っている仁多郡の郡役所のことで、その建設されていたであろう地を訪ねてみようというのである。

お天気もいいし、山の空気もさわやか。松本清張作『砂の器』

で有名になった亀嵩の、また、おそばで有名な亀嵩駅の少し南に、「奥出雲町郡村」の道路標識が見つかった。車は西北へ曲がる。この辺りの地名には、大内原・簾という地名もあり、古代の中心地をしのばせる。

村へ入ると、町の文化財保護委員のY氏が待っていて下さった。S先生にいただいた地図を見ると、この辺りの字名はいっそうすごい。「大領原」「大裏原」「内裏原」「堂の上」と書かれている。Y氏の後をついて畑への道を上っていくと、「仁多郡家之趾」と書かれた大きな石碑が建っている。

石碑を背に、前面に広がる田畑を見ると、こぢんまりとまとまり、箱庭のように美しい。そばのお宅は丸窓になっていて、居ながらの壁絵を楽しんでおられるかのようだ。

近くからは、石や土器も出土したとY氏はおっしゃる。前面の

仁多郡家跡（奥出雲町教育委員会提供）

西の丘から立派な円面硯《すずり》の出たカネツキ免遺跡もあるし、東の丘には、大きな馬やかわいらしい人物の埴輪の出た常楽寺古墳もある。やはり、この辺りは重要な土地であったらしい。

大領原の「大領」とは、古代では郡の役人の中で最高位を示す役職である。常楽寺古墳の東隣の字名には、大門・玄蔵坊があり、そこから南へ一キロほどの所に高田廃寺跡の塔の礎石が残っている。この辺りには広大な寺院も存在したらしい。

なぜ、ここが重要な土地だったのだろう。仁多郡家跡から、S先生の説明をお聞きしながら、Y氏を先頭に、カネツキ免遺跡へ歩きだした。だれかが「あっ、ここの川は赤い」と言いだした。皆で川底をのぞきこむと、確かに赤い。これは、鉄分の存在を示すようだ。「この先の字名には鉄穴《かんな》という所も確かあるはずですよ」。

カネツキ免遺跡の円面硯（奥出雲町教育委員会提供）

『出雲国風土記』には、「仁多郡のもろもろの郷《さと》より出す所の鉄は堅く、もっとも雑具を造るに堪《た》ふ」と書かれている。この地の重要性に製鉄《たたら》の存在は大きい。また、交通の要地でもある。今後交通路からこの地の重要性を考えてみたいと思う。

仁多《にた》郡の役所跡から出たかわいい埴輪《はにわ》

今日も、仁多郡家《ぐうけ》跡周辺について書こうと思う。仁多郡家跡とは、仁多郡の郡役所のあった所と推定される場所のことで、現在の奥出雲町郡《こおり》村辺である。

周囲を山に囲まれているが、いたって小さな盆地で箱庭のように美しい。なぜ、そこに郡役所が置かれたのだろうか、どんな所で、どんな重要性があるのだろうか、「風土記を訪ねる会」で探ってみた。

郡家跡の推定地は、小高い丘にあり、眺めの良い場所であるが、その前面の周辺には、いくつかの遺跡が集中していた。

前面の西側には、カネツキ免遺跡といって、立派な台のついた陶器でできた、円面硯《すずり》が出土しており、おまけに「大」「伴」などの墨書した土器もみつかっている。その東隣は、字名が「郷蔵床」ともいわれ、もしかしたら正倉（郡の税を納める倉）だったかもしれない。

前面東側は、芝原遺跡があり、ここからは「厨《くりや》（台所の意）」などの墨書土器や、鍛冶炉《かじろ》などの跡もあった。その近くの常楽寺古墳からは、県内でも数例とされる大きな飾り馬の埴輪、柔和で篤実な表情をもつ男子人物埴輪三体、巫女《みこ》と考えられる𤭯《はそう》（壺型の容器）を捧げ持った軽やかな衣装をつけた女子人物像二体が出

常楽寺古墳の埴輪（奥出雲町教育委員会提供）

土している。

今日も貴重な説明をして、ご案内していただくY氏によると、この周辺には常楽寺古墳のような、この地独特の構造をしている古墳がいくつかあるとのことだった。

『出雲国風土記』によると、この周辺は「三処郷《みところのさと》」にあたり、ここには実力があり、他の地へのつながりも強く持つ、地元の豪族が存在したようだ。

古墳の東隣には、大領神社の旧社地があったといわれ、その東隣には、直径一・五メートルの礎石を持つ高田廃寺跡がある。どちらも、この地の豪族に関係する神社であり、寺である。

郡家跡地の方が仕事場だとすると、その前面の地は、豪族の生活の場であったのかもしれない。

地図を広げてみると、この地は仁多郡内のやや北よりに存在す

古志本郷遺跡全体（出雲市教育委員会提供）

るが、飯梨川、伯太川をさかのぼった所でもあり、斐伊川の源流であり船通山の麓でもある。おまけに、備後の国と伯耆の国日野郡に行く道の分岐点でもある。

まだまだ興味の尽きない場所でもあり、面白い物が出てきそうな所である。

神門郡《かんど》の役所は古志《こし》の国の人の開拓地

まず写真をごらんください。正面の少し左にかすかに見えているのが、仏経山。仏経山というのは、山頂に昔むかし曽支能夜《そきのや》神社が祀られていたといわれ、その麓には荒神谷遺跡があることで知られている。

この写真の場所に立つと、北には出雲大社の祀られている弥山

古志本郷から見た島根半島

を遠望することができる。広々とした眺めのよい所で、微高地になっている。神戸川のほとりに位置している。発掘調査がされており、古志本郷遺跡と名づけられている。

中央にボコボコあいているのは、昔の建物の柱の穴で、この柱穴をよくよく見ると、間隔が三㍍ととても大きく、立派な建物があったようで、もしかしたら七世紀ごろの建物かともいわれている。

この建物の向きは、真北ではなく、奇妙に西へ三三度ふっている。ちょうど、仏経山の方を向いており、その仏経山の麓には、現在、後谷遺跡と呼ばれる遺跡がある。

この後谷遺跡というのは『出雲国風土記』に載る出雲郡の郡役所か郡の倉庫があった場所ではないかといわれている。写真の柱穴も、そうすると神門《かんど》郡の郡役所があった所ではないかと思われ

古志本郷から見た仏経山

る。この柱穴の近くから、古代の道と推定される幅一三㍍ほどの道路遺構も発掘されている。二つの郡役所を結びつける道路だったかもしれない。

西北へ三三度ふった柱穴から、少し新しくなって八世紀ごろと思われる、周りに溝をもつ総柱建物の柱穴も発掘されている。この建物は弥山の方角、即ち真北を向いている。初めの役所がなくなった後、しばらくして、今度は東西南北をきちんとそろえた新しい役所が造られたように考えられている。

また、神戸川に近い所からは、地下二㍍の堀があり、そこには太刀や土玉などのお祭りに使われたと思われる古い遺物が出土している。

『出雲国風土記』の古志郷には次のように書かれています。「いざなみのみことの時、日《ひ》淵《ふち》川（今の保知石《ほじし》川）で池を作られた。

その時、古志の国の人がやってきて、堤を造って住みついた。だから、古志というようになった」。『古事記』では、「越《こし》の国の沼《ぬな》河《がわ》比売《ひめ》と大国主命《おおくにぬしのみこと》のラブロマンス」が描かれている。越の国は能登半島を越えた東の国と思われる。

出雲平野の微高地は、地学の面からは弥生時代から変わらぬ地形とされている。昔むかし、海のかなたからやってきた人々が、この地の住みよさに目をつけ、開拓し、広げていったその中心が、ここ古志本郷のように思われる。

古志本郷遺跡出土土器群（出雲市古志町、島根県埋蔵文化財センター提供）

意宇《おう》郡の寺院は奈良に負けない寺院（松江市山代町）

三十六度もあった炎天下の夏の日、松江市鹿島町の堀部第一遺跡で現地説明会があった。

直径二五㍍ほどある小高い丘のすそをぐるっと取り巻くように、たくさんのお墓が造られている。今から二千三百年ぐらい前の弥生時代前期のお墓といわれ、五十五基が見つかっている。流れる汗をぬぐいながら、一時間ほど説明を聞いた後に車を走らせて、今度は松江市矢田町にある来美《くるみ》廃寺の説明会に駆けつけた。

来美廃寺は何十年も前から、存在が知られている遺跡である。大きな礎石があったことが伝わっているからである。

初めてここを訪ねたときは、木や竹やぶの茂る所で中へ入ることすらできなかった。二度目に訪ねたときは、少し木が刈り取られて平地が見え、発掘調査が始まっていた。三度目に訪ねたときは、日曜日で大庭公民館の人たちと一緒だったが、係の人がおられて説明を聞いた。古代の寺院の建物の数と、それぞれの場所や

来美廃寺の瓦積基壇（松江市山代町、島根県教育庁埋蔵文化財調査センター提供）

広さがわかってきたということだった。その説明を聞いた時は、あまり広くない、ちゃちなお寺というイメージだった。

鳥取県琴浦町の斎尾《さいのお》廃寺や、倉吉市の大御堂《おおみどう》廃寺と頭のなかで比較してみた結果である。

やっぱり『出雲国風土記』に載る「新造院」と名付けられている寺院は、小規模なのだなぁと思った。「新造院」として載る寺院は全部で十あるが、現在まで全容が分からなかったせいもあった。

今日で四度目の訪問である。が、今日は違っていた。青いシートが取り払われたなかに、金堂の中心とされる須弥壇《しゅみだん》跡がむき出しになっていた。

基壇（土台）は外装を瓦で積み重ねて造った「瓦積基壇《かわらづみきだん》」で、七世紀か八世紀と思われる布目の跡のついた瓦がたくさん出土していた。中には、流麗な模様の入った軒平瓦も土の中から見えていた。

一番驚いたのは、須弥壇の中央にある仏像の台座が、そのまま立像をはめ込めるような穴を開けて置かれていたことだ。台座は近くの安来の「荒島石」で造られていた。

『出雲国風土記』に載る「山代郷の新造院」は、立派な仏像を三体も安置する、厳堂《ごんどう》のある寺院だったのだ。奈良で学生時代に見た、七世紀の山田寺跡から出土した仏頭を思い出した。もしかしたら、ここにも金銅でできた仏像が置かれ、人々の崇敬を集めていたのかもしれない。古代のイメージが今も様々な遺跡の発掘で、次々と塗り替えられている。

国司《くにのつかさ》と国造《くにのみやつこ》の語る寺院

来美《くるみ》廃寺について書きたいと思う。

『出雲国風土記』には「新造院」と記され「山代郷《やましろのさと》の中にあり。郡家（郡の役所）の西北四里二百歩なり。厳堂を建つ。僧《ほおし》なし。日置君目烈《へきのきみめづら》が造りし所なり」と説明されている。

これまでは、たぶん寺らしいものだったのだろうという推定がなされていた。あるいは福祉施設のような建物もあっただろうという説もあった。

今回の発掘調査で仏像の台座が出土し、その配置から三尊仏があったことがはっきりした。その台座を目のあたりにすると、やはり大きな驚きがあった。「これほど立派な三尊仏が安置され、

北新造院イラスト（原案　島根県教育庁埋蔵文化財調査センター）

講堂としての役割がきちんとし果たされていたとは……」

現地説明会に立ち会った仲間で、「新造院」の記載について空想を交えて話がはずんだ。ドラマ仕立てでそれを描いてみる。場面は堂々と建ちあがった、あたりには珍しい瓦葺きの威容を誇る厳堂での会話である。

目烈「ごらん下さい、この人々の列を」

広島「そうだな。これほど人々が仏様を拝みに来るとは、すごいなぁ」

目烈「私も仏教のことを勉強し、技術者を各地から集めたからこそ初めてこの厳堂ができたのですよ」

門部王《かどべのおおきみ》「奈良でもなかなかこれほどの三尊仏は見たことがない」

目烈「ぜひ今度の『出雲国風土記』には、寺として載せて下さい」

広島「しかし、伽羅配置が整っていないからなぁ、寺としては載せられないだろう」

目烈「人々はお寺として認めてますよ」

門部王「奈良にいらっしゃる藤原鎌足殿に相談してみられたらどうですか」

目烈とは来美廃寺の建立者・日置臣目烈、広島とは『出雲国風土記』記載責人者・出雲臣広島、門部王とは出雲国へ中央から派遣された国司（行政の最高責任者）である。

こうして藤原鎌足殿の御提案もあって、来美廃寺のような建立物はすべて「新造院」と記載されることになった。そこには何らかのまいない（賂）も動いていたのかもしれない。以上が仲間たちの空想ドラマである。

台座に再び青いシートがかけられたので、このドラマもここで立ち消えになってしまった。

出雲《いずも》郡の寺院は山の上?（出雲市斐川町）

春は、里の田では、どこも田植えの真っ盛り。きれいに水をたたえた田を見ると、その美しさに思わずハンドルをとられてしまいそうになる。青々とした空や、盛り上がるような山々の新緑を映している。

雲南市加茂町から出雲市斐川町へと斐伊川土手を、車を走らせていると、田んぼの人影も目につくが、所々に石碑も立っている。「八大龍王」の字が目につく。暴れ川・斐伊川への何百年にわたる人々の悲願だろう。

斐川町に入ってすぐの右岸に大きな鳥居も見える。阿吾神社で

天寺平廃寺の軒丸瓦・軒平瓦（出雲市斐川町、出雲市教育委員会提供）

ある。ここは『出雲国風土記』の中で私が一番気にかかる郷——河内郷である。この河内郷と次の出雲郷で斐伊川は『出雲国風土記』では、出雲大川と名前を変えている。

この阿宮地区にちょうど神名火山（現在の仏経山。神の坐す山の意）に対応するように古代に寺院が置かれていたことがわかった。中世の山城を調査していて偶然、瓦溜《かわらだまり》や礎石が見つかったのである。現在の天寺平廃寺跡である。

軒丸瓦と軒平瓦は調査の結果、八世紀の後半ごろのものではないかとされている。

『出雲国風土記』の「出雲郡河内郷《いずものこおりかわうちのさと》」について、次のように記されている。「新造院一所。河内郷の中にあり。厳堂《ごんどう》を建つ。郡家の正南一十三里一百歩なり。旧《もと》の大領《かみ》、日置部臣布祢《へきべのおみふね》が造《つく》りし所なり」。

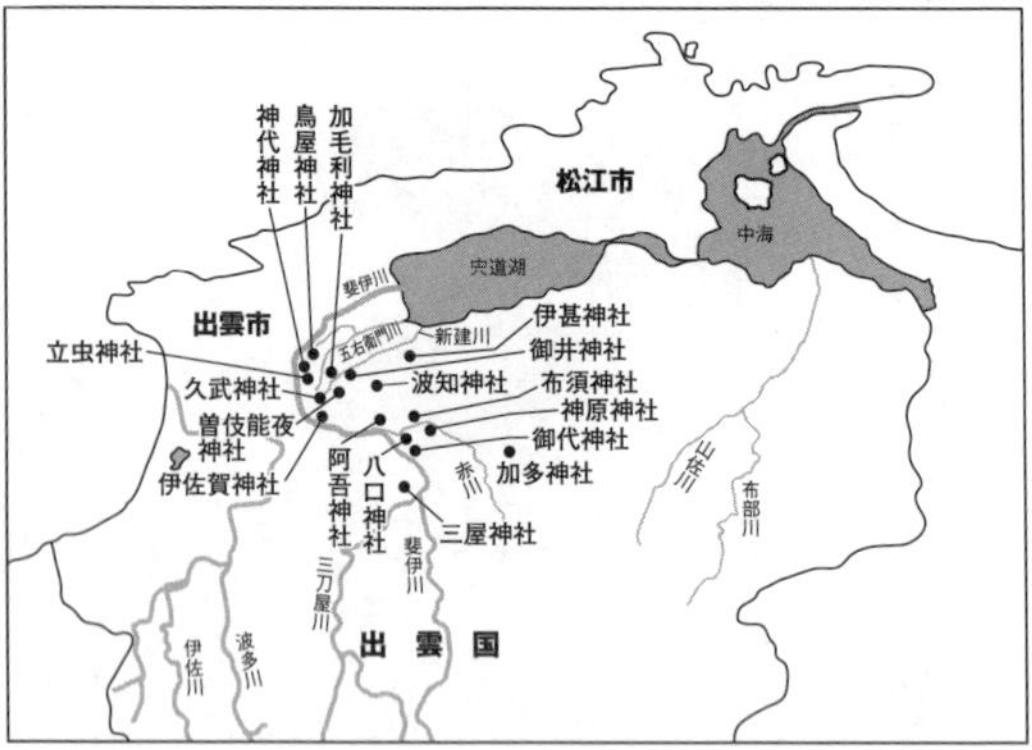

新造院とは、寺号のない新造の寺院のことと考えられている。郡家は郡役所のことで、今もってはっきりとわからないが、大よそ出雲市斐川町の後谷近辺ではないかとされている。

いずれにしろ、この寺院跡の周辺には、興味深い遺跡がたくさんある。加茂岩倉遺跡、荒神谷遺跡、西谷墳墓群、神名火山の頂上にあったとされる曽伎乃夜《そきのや》神社、宇夜都弁《うやつべの》命《みこと》のいらっしゃったといわれる大黒山、それに式内社（九二七年成立の延喜式《えんぎしき》に載る神社）といわれる古社がこれほど多くあるのもここだけだ。

なぜだろう。ますます興味がそそられる。私が河内郷と出雲郷に興味をもつのもそこにある。その上、この寺院跡は標高二〇〇メートル近い山頂にある。まるでこれらの遺跡を監視しているかのようである。そして、眼下の暴れ川・斐伊川を警戒している。まるで、人々の田を守るように。

荒神谷遺跡の銅剣等も加茂岩倉遺跡の銅鐸も国宝指定になっている。この周辺は今もますます面白い。

佐太《さだ》大神は海の神様？

「けんぽうナシ」って食べたことがありますか？　子供のころの佐太神社のお祭りというと、ポンポン船に乗ってけんぽうナシを食べたのが思い出である。

佐太神社のお祭りは「お忌祭」あるいは、「からさでさん」といって十一月二十日から二十五日までの五日間である。この時期には竜蛇さんが海から上がられ、それを奉納すると米俵をいただくこ

加賀から見た島根半島（松江市島根町）

とができたといわれる。

この五日間、昔は村人たちは一切の歌舞音曲をやめ、刃物も使わず髪も結わず、家で斎戒と物忌みに明け暮れ、神を迎え神を送ったものと聞いている。

今も二十五日の夜十時から、氏子さんたちを中心に一切の光と音を断《た》って、近くの神目《かんのめ》山で神送り祭が行われる。日本海にみたてたといわれる神池に、神々をお移しした舟を流し、神宮を中心とした秘儀がとり行われる。

私もこの厳《おごそ》かで幻想的な御祭りにお参りしたことがあるが、神様とともにいただく〝一夜御水〟のトロリとした味が忘れられない。これは門外不出の秘伝で作られる一夜酒のことで、佐太神社の本殿は全国でも珍しい三殿並立だ。古代には佐太御子《さだのみこ》一座を祀り、本殿も一つだけであったと伝えられているが、いつのころか

加賀潜戸（松江市島根町）

らか御祭神も増え、それにつれて社殿も増えたといわれている。

御笠山を背にして並立する三殿は、本当に立派である。まん幕の神紋が「扇」であるのも目につく。

『出雲国風土記』の中に、佐太大神のお生まれになるようすが書かれている。「母神のキサカヒメサマ（赤貝を意味する）が、海のかなたから流れ来た金の弓矢を取って『暗い岩屋だこと』と言いながら、洞窟を射通しなさった。そこでお生まれになったのが、佐太大神である。今、佐太大神の社は神名火山（神の坐す山の意）の麓にあり、佐太御子社という」

「古代出雲文化展」で佐太神社の彩絵桧扇とその扇形の扇箱が重要文化財として展示されていた。表には松や岩や水辺にいる七羽の鶴、裏には梅桜や萩、紅葉などの草花と蝶が描かれていたが、緘孔はなかった。御神体につぐ重要な意味をもつものとされてい

伊賀多気神社（奥出雲町）

る。
近辺に存在する佐太神社の前の佐太前遺跡、六十体に及ぶ弥生人骨が発掘された古浦砂丘遺跡、山陰最大とされる佐太講武貝塚などをみると、佐太神社は海を意識した重要な神社だということがわかる。

五十猛《いそたけ》神は、斐伊川を上られた？

「うーん、これはいい神社だ」

東京からいらした先生方は、すっかり気に入っておられる。なるほど、目の前には、まさに横田の郷が一望に眺められる。

横田郷――『出雲国風土記』では、次のように書かれている。「古老が伝えていうことには、郷の中に、田が四段ばかりあったが、

「その田の形は、いささか横に長かった。だから、ここを横田というようになったのである。この郷には正倉がある」

標高四〇〇㍍近い中国山地の中で、これほど広い耕地を持つ所は少ない。しかも、それが確かに横にだだっ広い。昔、何年間かこの地に住んだことがあるが、田植え時分のこの盆地の美しさは秀逸であった。満々と水がたたえられた田に、きれいに早苗が植えられ、その上に中国山地の青い山並みと、白い雲が映っていた。

伊賀多気神社から見た横田郷。遠望する山は船通山（奥出雲町）

先程、いい神社と言われたのは、伊我多気社である。『出雲国風土記』に載る神社である。

この神社は『雲陽誌』には、五十猛神社と書かれており、五十《いそ》猛命《たけるのみこと》を祀っている。

案内役のS氏が「もう少し、先へ行ってみましょう」

鬼神神社の磐座（奥出雲町、「いづもの磐座」より）

と言われ、一行を乗せた車は一キロほど斐伊川をさかのぼった。「この辺は、五反田といい、あの辺の小高い所に、もしかしたら正倉・国の倉庫があったかもしれないとされています」とS氏。

さらに一キロほど上ると、鬼神《おにがみ》神社に着いた。この神社も『雲陽誌』によると、次のように書かれている。「素盞嗚尊《すさのおのみこと》は、その子の五十猛命を連れて、新羅の国から埴土《はにつち》で作った船に乗って東に渡り、出雲の国の簸の川上にある鳥上の峯につかれたといわれている。そして、ここに鎮座なされた。ここを船通山という。土地の人は、船燈山ともいう。神の御船は化して、石となり、今なお社辺にある」。

これによると、伊我多気社の旧社地は、もしかしたらこの鬼神神社かもしれない。われわれ一行は、その石を取り囲んで、さまざまな想いでこの石を眺めた。

「もうちょっと上りましょう」。そこには、江戸時代の番所跡といわれる所があった。「ここは阿毘縁《あびれ》街道ののど首ともいえる要所です」。S氏はその場所の説明に『出雲国風土記』の剗《せき》の一つかもしれないと付け加えられた。

「伯耆国の日野郡の堺なる阿志毘縁《あしびえ》山に通ふは三十五里一百五十歩なり。常に剗《せき》あり」と『出雲国風土記』は記している。今もこの道を通って生山《しょうやま》駅まで行くと、横田から東京へと日帰り往復できるそうである。

下照《したてる》姫神も神迎祭に加わられた?

「売豆紀神社」――これが読める人は、まあいないと思う。「めづきじんじゃ」と読む。

『出雲国風土記』に載る神社であり、わが家はその丘の麓にある。

幼いころは、お祭りが楽しみで、火を吹く曲芸を見たり、夜店のあてくじを次々やったことが忘れられない。でも、いつも変な字だなあと思い、どんな神様が祀られているのだろうと思っていた。

ある日、地理の先生でいらっしゃるY先生が「旧売豆紀社に行ってみませんか」と誘ってくださった。その時、私はえっと思った。その時まで、売豆紀神社は現在地に昔からあったと思っていたからである。寛文五年（一六六五年）に現在地に移ったそうである。

私の愛用のパジェロミニで、松江市立津田小学校あたりの細い道を西へと入っていった。そういえば、この辺は津田の松原と言って、江戸時代の街道だったと聞いたことがある。が、今は軽自動

売豆紀神社（松江市雑賀町）

車がやっと入る道幅である。

そのまま細い道をやっとこさ進んでいくと、道端の家の堀の中に小さな祠《ほこら》が見えてきた。ここが旧売豆紀社だというのである。どうしてこんなところに……。本当に風土記時代はここだったのかな。そういえば、その家の横道を上ると、急に谷が開け、上には池もある。この谷を昔、めづき谷と呼んでいたとのこと。池の上の丘陵の東部には、小さいながらも古墳群の存在も知られている。

その谷の西の丘全体は、大きな竹やぶになっていた。その竹やぶを探索すると、これは中世の山城がそのままの状態で残っているもよう。地名にも「垣の内」「的場」などがあるとのこと。探索しながら、私がふと竹やぶをかきわけたところ、目の前に市の公共施設プラバホールが現れたのにも驚いた。今の今まで、

朝山神社（出雲市朝山町）

市の中心部だと思っていた所に、古代や中世が残っていたのである。

松江市の地図を等高線を頼りに改めて色塗りしてみると、松江市の南部は大橋川沿いや宍道湖沿いまで、大きな山塊がわだかまっていることがわかる。大昔、広瀬や玉湯へ行くための山越えはどの道が楽だったのだろうか。旧売豆紀社は、その街道の要地にあったと思われる。

出雲特有の神在祭《かみありまつり》がこの売豆紀神社にもあるといわれる。祭神・下照姫命《したてるひめのみこと》は美人の神としても知られる。出雲に参集なさった神々が、ここで最高の直会《なおらい》をなさるという。

朝山神社の女神は、最良地に鎮まりなさる

「風土記を訪ねる会」の一員として、『出雲国風土記』の神門《かんどの》郡《こおり》の中心地を歩くことができた。コースの最終地は朝山神社だった。今まで、何度も訪ねた所だったが、今回はひと味違う気がした。

一度目は一人で、尋ねたずねてやっと鳥居へたどりつき、道端に車を寄せて駐車し、胸を踊らせながら、長い石の階段を上っていった憶えがある。うっそうとした樹間からもれる日の光とさわやかな風が印象的だった。

二度目は、飯南町の八神《はかみ》・志津見《しづみ》辺からずっと神戸《かんど》川に沿ってこの朝山神社まで車を走らせたときのことである。出雲市乙立《おったち》町

雲井滝（出雲市朝山町、板垣旭氏撮影）

辺で少し開け、この朝山神社の横を通ると、神戸川がぱっと広がり、出雲平野が一望できる。そうか、朝山神社辺は、山と野との境目、関所のような役割をしているのだと考えた。

それ以後、何度か車で山頂の神社まで行ったことがある。今日も一月にしては暖かな日和のなかを車で神社前まで行く。

いつものように皆で色々言いながら参拝する。神紋が笹の葉のようだけど、何を意味するのだろうとか、船子社・星宮社・杦《すぎ》尾社などの境内社の意味は？　また、尼子氏が開城した日に毛利一族の大江氏が、参拝する意味は？　などなど。

そういえば、御祭神・真玉着玉之邑日女命《またまつくたまのむらひめのみこと》もどんな姫神だったのか、よくわからない。以前突然Aさんが、電話を自宅に下さり「朝山神社の近くの造成地から、たくさん玉石がでたのですよ」とおっしゃった。Ａさんの所有なさる玉石を見にいくと瑪瑙《めのう》や水晶で、中には、はっきり陰陽石とわかるものもあった。もしかしたら「真玉」とは「玉石」を意味するのかもしれない。

案内役のＩ先生の話によると、山頂にはおこもり岩があり、その岩は砥《と》石でできているそうだ。また、神戸川流域には、砂鉄という玉石もあると考えられる。

参拝後、皆に連れられて雲井滝を見に行く。すると、神社前には大きな田んぼがあり、その横を通って細道を下ると、雲井滝を上からかすかに望めることができる。ここは、山頂でありながら、水の豊かな所だ。また、出雲平野も一望できる。東西へも見晴らしがよい。雲井滝の下の街道からは「朝山古墳」も出土している。古墳とは、骨蔵器石製蔵骨器のことで、ここに住む古代の上流階

布吾弥神社（松江市玉湯町）

級が先進的な葬制を移入したようにも思われる。

この景色をまるで高千穂の峯から見たような景色だと言った人もいるが、朝山はまだまだ魅力の尽きない山だ。

布吾弥《ふごみ》神社の神も重要地に鎮まりなさる

「布吾弥社」というのは『出雲国風土記』の「意宇郡」に載っている神社である。「布吾弥社」というのはフゴミと一般的に読むが、意味がはっきりしない。ホアミと読んで「干網」を意味するという説もある。現在、鎮座する場所は松江市八雲町東岩坂で、熊野大社への参道沿いにある。この参道沿いには、布吾弥神社以外に、前《さき》社、田中社、詔門《のりと》社、楯井《たたい》社などがある。まるで熊野神社をお守りするかのように熊野へと並んでいる。

布自奈神社（松江市玉湯町）

「風土記を訪ねる会」で玉湯町を歩いた時のことである。玉湯町は『出雲国風土記』では「忌部神戸《いんべのかんべ》」と言って「国造《くにのみやつこ》が、神《かん》吉詞《よごと》を奉するために、朝廷に参る時のみそぎの忌玉《いみたま》を作る場所」として重要な所である。

皆さんに連れて歩いてもらっている時に「布吾弥社」があった、玉湯町にも。これは驚き。そこで、何故、ここにも鎮座するのだろうかと考えてみた。

玉湯町での場所は、花仙山の西側になる。花仙山は『出雲国風土記』では「玉作山《たまつくりやま》」として載っている。まるで、花仙山を守るかのように「布吾弥社」がある。

そういえば、花仙山の北には「布自奈《ふじな》社（布自奈大穴持神社）」があり、南には「玉作湯社」があり、東には「久多美社」があり、『出雲国風土記』に各々記載されている。「久多美社」は、現在「忌部神社」に祀られている。

「玉作湯社」には、少毘古那命とともに湯を発見し、守護し、療法する神として大国主命が祀られている。玉作湯神社の境外社としての「布吾弥社」にも大国主命が祀られている。「久多美社」は、平田市にもあり、ここには大国主命が祀られているので忌部の「久多美社」も、大国主命かもしれない。古代、「玉作り」はとても大切なことで花仙山は、四方から守られていたようだ。「布吾弥」の意味は未定だが重要な地を守る地にあるようだ。

「出雲手斧《ておの》神社」の神は工匠の神様？

これは大社町の奉納山山頂の出雲手斧神社のことである。御祭神はタオキホオイノミコトとヒコサシリノミコトで、その説明板

奉納山山頂の出雲手斧神社（出雲市大社町）

によると「この神様は、天岩戸神楽の石切り、材木を伐《き》って宮殿を直され、後、オオクニヌシノミコトの御宮殿（出雲大社）の御造営にも奉仕された、工匠の祖神である」とのことである。

この日、奉納山に登ったのは、午前中は船から薗の長浜と弥山を見ていたので、午後は陸からこれを見てみたいと考えたからである。午前中は「船から風土記を見る会」のグループで、毎夏行われる催しに、今年も参加させてもらったのである。昼食は桂島に上って古代の海女にかえった気持ちで、ウニの吸い物とアワビのしゃぶしゃぶを作り、皆で海のごちそうを満喫した。

ある時のNHK放映の「巨大神殿は存在したか――古代の出雲大社」を見ると、出土した手斧と鉄の輪とくぎが大きな役をしていたのがわかった。鍛冶師の白鷹幸伯氏によ

奉納山から見た薗の長浜（出雲市大社町）

ると、三本の丸太を束ねるには、鉄の輪とそれを締める長いくぎ、つまりクサビが必要とのことだった。さらに西沢英和氏によると、こぶし大の石、一〇トンが出土したのは、その柱の枕元《まくらもと》に砂利や土と一緒に石を埋めて、強度を保ったと考えられていた。この基礎の上に「亀腹」という盛り土を付け加えると、少々の横揺れにもビクともしないという結果が出ていた。

テレビを見ながら、一本でこれだけの強度をもつなら、これが三本ならどの角度からの地震にも絶対に倒れない気がした。平安時代の本『口遊《くちずさび》』に「雲太《うんた》、和二《わに》、京三《きょうさん》」と書かれ、それから推測して出雲大社は四八メートルあったと考えられていたが、今回のテレビでそれが見事に立証されていた。古代の建築技術はすばらしい。

船の上から、弥山の下にはためく、大きな日の丸が見えた。日の丸の上までの高さが、ちょうど四八メートルとのことだ。

今日の船の一行は、海の上から巨大神殿を想像して、往時をしのんでみる見学会だった。

第七章　神々はどこにも坐《いま》す

――道にも木にも温泉にも――

「手間剗《てまのせき》」大国主命が通った道

〽大きな袋を肩にかけ
　大黒様《だいこくさま》が来かかると
　そこに因幡《いなば》の素兎《しろうさぎ》
　　皮をむかれてあかはだか

昔懐かしい童謡である。やさしい大国様の笑顔も思い浮かぶ。大黒様、つまり大国主命、『出雲国風土記』では大穴持命《おおなもちのみこと》である。どこを通って因幡へ行かれたのだろうか。

『出雲国風土記』の意宇郡の通り道としては、「国の東の堺なる手間剗《てまのせき》に通うは、四十一里百八十歩なり」と書かれている。「剗」とは濠を掘り、柵を施して非常を警戒するようにして作られたも

赤猪岩神社（鳥取県南部町）

のとされている。この「手間剗」もどこにあったのだろう。
今の島根県と鳥取県の境目の、昔はどこを一番よく通ったのか、その主要道路を考えてみたい。『出雲国風土記』では、伯耆の国との境目にあるのは母理郷《もりのさと》である。大穴持命が「自分が鎮《しず》まりたい出雲の国はここで、青垣山をめぐらせて守りたい」とおっしゃったので、ここを母理郷というようになったと書いてある。今の安来市伯太《はくた》町母里《もり》である。
母里を自動車でぬけて、国道181号を横切ると、そこは西伯郡南部町天万《てま》である。天万に入って、ものの三分も走ると、赤猪岩《あかいいわ》神社が見えてくる。次の話は『古事記』に出てくる話である。
「因幡の素兎を助けた後、ヤカミヒメをめとった大国主命は、兄神達の謀略にかかって伯耆の国の手間山の麓

天萬神社（鳥取県南部町）

で、赤いイノシシの形をした大石で焼き殺されてしまう。その時、アカガイヒメとハマグリヒメが清水とともに薬を作り、大国主命に塗ったところ、不思議なことによみがえりなさった」。

　そのイノシシの形の岩を祀ったのが赤猪岩神社であり、その先には、その井戸を祀った清水川神社もある。現在も手間山とよばれる標高三五〇メートルほどの丘陵地の麓である。手間山には、出雲系と思われる方形の古墳が数基あり、その一つからは鳥取県で最古ともいわれる鏡が出土している。

　赤猪岩神社からさらに五分ほど東へ進むと、天萬神社に出る。そこの宮司の方に話をうかがったところ、実際に母里と天万の堺の峠を踏査すると、峠には古代の堀の跡や砦の一部を認めることができるという。今も豊かさを感じさせる古道でもある。

「母理郷」から「長江山《ながえやま》」へ

「母理郷《もりのさと》。八雲立つ出雲の国は、青々とした山々が垣根のように囲んだ、とっても良い国だ。私が鎮《しず》まる国として、守《まも》りましょう。だから、ここを母理というようになった」。

『出雲国風土記』に載る母理郷は、出雲国の要地とされ、二番目に記されている。「私」というのは、大穴持命《おおなもちのみこと》、別名・大国主神である。

なぜこの地（安来市伯太町の南部一帯）が要地なのだろう。そういえば、江戸時代には母里藩《もりはん》が置かれていた所である。『出雲国風土記』では「大穴持命は、越《こし》の八口《やくち》を平らげなさった後、長江山にいらっしゃって」から、前述の言葉をおっしゃるのである。

比婆山久米神社（安来市伯太町）

長江山が鍵を握っているのかもしれない。

「長江山（島根県・伯太町と鳥取県・日南町の境の永江山）。水精《すいしょう》あり」と『出雲国風土記』には記されている。母理郷から伯太川の源流である永江山へとさかのぼってみよう。

母里の街並みは母里藩時代そのままを残している。水精（水晶）が採れるのは、砂鉄がとれることをも意味するかもしれない。もしそうとすれば母里はタタラで栄えた重要な交通地だったのだろう。

伯太川に沿った道を車でのぼると、一里塚あり、比婆山神社あり、日南町の解脱寺《げだつじ》への碑ありで興味深い道筋である。二車線の悠々とした道を走らせると、二手に分かれた所にくる。そこは赤《あか》屋《や》で、右手は草野《くさの》へ、左手は小竹《こだけ》へ行く道である。永江峠は小竹の奥なので左手へと行く。

久米神社本殿（安来市伯太町）

大きな看板に鷹入《たかいり》の滝の説明が載っていた。止めてゆっくり読む。「三百年前、上小竹の坂根に善十という者あり。その祖先の弥藤次が狩りをしに鷹入山へ入ると、あるとき急に眠くなった。夢に女神が現れ『日野郡黒坂の滝の神なり。近ごろ、水源に田ができたため、居心地が悪い。ついては、午後は鷹入の滝に移り住みたい。さすれば、この滝は旱天《ひでり》にも枯れることがないぞ』。早速、村人と祠をたてて信仰した。今も皮膚病に効き、午後には水量も増す」。

なるほど黒坂はタタラの中心地、鷹入の滝は江戸時代の鉄穴《かんな》ながしの源流として重要だったという。やはり、母理郷の繁栄の背景にはタタラは見逃せないものかもしれない。

『出雲国風土記』でも、大穴持命は出雲国母理郷を「玉と愛《め》で賜《たま》ひて」とある。途中には玉神社もあり、玉石（水晶や砂鉄）を

須美祢神社の扁額（雲南市加茂町）

貴重とした古代の人々の心をうかがわせる。

永江峠は車で通り、日南町印賀《いんが》へと抜けたが、眺め抜群、恐さ抜群の山道であった。


「須我山」「須我小川」「須我社」


「わあ、すごい」。十五人ほどの観客からどよめきがあがった。雲南市大東町須賀の「神楽の宿」で「剣《つるぎ》の舞」を見ているときである。

観客はある公民館主催の「古典を読む会」の人たちで、平均年齢七十五歳くらいである。舞をなさる方も七十八歳とのことであった。

須我神社の隣に「神楽の宿」はある。神々の物語を伝える神楽

八雲山遠景（雲南市大東町、「いづもの磐座」より）

を、現在も中学生まで参加して催行なさっている中心の地が、この「須賀」である。

『出雲国風土記』にも「すが」はたくさん出てくる。まず「海潮郷《うしおのさと》」である。「古老が伝えるお話に次のような話がある。ウノヂヒコノミコトが、親神様であるスガネノミコトを恨んで、北の方の出雲の海潮を押し上げて、親神様を漂わせた。その時、ここまで、海潮が押し上げられた。だから、ここの地を得塩《うしお》というようになった。また、東北の須我の小川の湯淵《ゆぶち》村の川中に温泉がある。同じ川の上の、毛間《けま》村の川中にも温泉が出る」。今も大東町には、海潮温泉という名湯があり、人々の心と身を癒《いや》し続けている。

『出雲国風土記』に載る「須賀山（今の八雲山）」から発する須賀川の中流域の川床からは、今も温泉が噴き出している。

須我非山から見た景色（奥出雲町）

ウノヂヒコノミコトが祭られているのは、宇能遅社《うのぢ》で、加茂町の国道54号沿いに在る。もう一社、海潮社にも祀られており、海潮温泉の近くに在る。スガネノミコトは、同じく宇能遅社に祀られているし、また、須美祢社にも祀られている。
『出雲国風土記』では、この辺の川は決して「斐伊川」といわず「出雲大川」と記されている。
ウノヂヒコとスガネノミコトの二神の歩かれる道は、出雲大川の河口に始まって、加茂町の川筋を上り、大東町の川筋を上り、奥出雲町へと続いていくように思われる。
今も「大仁農道」といって、大東町と奥出雲町をつなぐ幹線が走っている。その農道を海潮温泉から上っていくと、広い丘陵地へ出る。奥出雲町三所である。『出雲国風土記』にいう「三所《みところの》郷《さと》」である。仁多郡の郡家があった場所とされる。そこにある小

須我非山の説明（奥出雲町）

高い山を『出雲国風土記』は「菅火野《すがひの》」と記し「峰に神社あり」と記している。その神社が「須我非社」と載っている。

出雲大川をさかのぼった辺りが「スガの地」でスガネノミコトの治める豊かな地とも考えられる。

健やかな翁の「剣の舞」に往時の神の姿を見た気がした。

「熊谷軍団」から「宍道郷」へ

島根県の東半分、この「出雲の国」で、松江と尾道線の開通が急がれている頃のことである。あちこちで工事が急ピッチで行われていた。

大東公民館のみなさん五十人ほどと「熊谷軍団」跡に行ってみたことがある。「熊谷軍団」とは『出雲国風土記』の巻末に載せられている三軍団の一つである。

「意宇軍団・熊谷軍団・神門軍団」の順で載っている。「軍団」とは、奈良時代の軍防令に基づいて設けられた軍隊の司令部が置かれていた所で、そこには兵営と練兵場があったと考えられている。

公民館長さんが、この「熊谷軍団」跡がきれいに見える場所を前もって調べてくださっていた。木次町の塔の上団地の公園から見ると、全容が見渡せる。秋晴れの日だからなおさらであった。塔の上団地からは、斐伊川をはさんで真向かいの、ほとんどが三刀屋町分の所が「熊谷軍団」跡と考えられる。

軍団跡の場所は、斐伊川と三刀屋川にはさまれた、頂上が平たんになったかなり広大な高台になっている所である。あそこにあがってみると、さぞかし三六〇度パノラマ式に全容を見晴らせる

石宮神社の御神体（犬石）（松江市宍道町）

ことのできる、素晴らしい場所だと思われた。が、あいにく、休みでも工事が行われていて頂上まであがることは無理であった。ここに、松江と尾道線のインターができるからである。頂上の部分はかなり掘り採られるとのことであった。ここから「團」と読めそうな墨書土器も出土している。

大型バスはみんなを乗せて、次の「女《め》夫《おと》岩」見学に出発した。「女夫岩」というのは、宍道町の地名の由来の源となった岩とされている。

「宍道郷《ししぢのさと》。大神様が追いなさった猪《いのしし》の像《かた》が南山に二つある。また猪を追いかけた犬の像もある。石となって今も残るが、猪と犬にそっくりである。だから、ここを宍道《ししぢ》という」

『出雲国風土記』に載るこの由来の源となる石である。

ここも案の定、工事中であったが、ここは住民運動の結果、保存が決まり、トンネル工事が行われていた。が、行ってみると、以前見たときより、石が少しはげ落ちているようにも見えた。

バスは国道54号から9号へと走っていく。左手の丘の上に「上野遺跡」が見えた。貴重な古墳と弥生の鉄の工房跡のある遺跡である。この後この遺跡は消滅した。この日は遺跡と工事の見学の一日であった。

三田谷遺跡は「日置郷」か

縄文の〝森〟出土――。全国的に有名になったニュースで、場所は三瓶山麓の標高二〇〇メートルの所である。ここに四〇メートル近い杉の自然林があったのではないか、それが、四千三百年ほど前の三瓶山の噴火時の火砕流で埋没したというのである。

三田谷遺跡の縄文の船（出雲市塩冶町、島根県埋蔵文化財センター提供）

先日、ある勉強会で、N先生から「出雲平野の地質と形成史」の話を聞いた。三瓶山の火砕物は、神戸川流域にもたらされ、微高地を形成し、それが現在まで、ほぼ安定した地形となっていることを教えてもらった、その矢先のニュースだった。

その会で実際、現在の出雲市上塩冶町半分にある三田谷《さんただに》遺跡へ行ってみると、軽石の粒のようなものが、かなり堆積している。これが、三瓶山から神戸川を通じて、ここまで流されたのかと納得した。

二つの事実は身近な所に、四千年以上も前にかえれるタイムカプセルのあることを確認させてくれた。

三田谷遺跡の調査員の方の説明を聞くと、遺跡の丘の上の辺りには池の跡が推定され、そこから縄文時代の船が出土したということだった。この遺跡には、その後の弥生時代らしい周溝墓や、

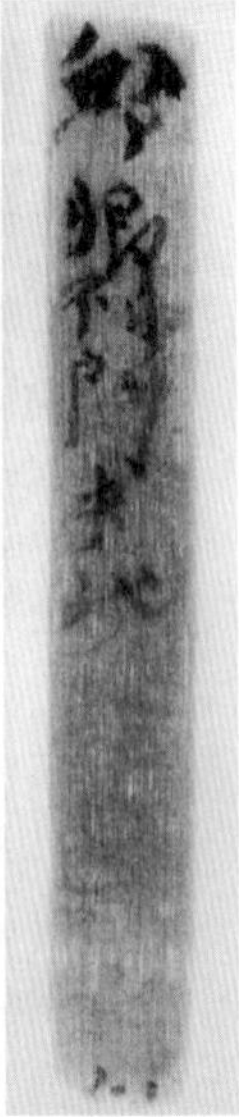
三田谷遺跡の木簡「八野郷神門米代」（島根県埋蔵文化財センター提供）

古墳時代の住居跡、奈良時代の総柱建物跡なども確認されている。

縄文時代の池は、その後、水田になっていたようだし、総柱建物というのは、倉庫か役所のような建物かもしれない。近くからは「八野郷神門米代」などと墨で書かれた木簡も出土している。

遺跡の中心の岩盤には、掘った跡があり、そこからきれいな水が湧き出していた。鎌なども出土していたので、祭りをしたかもしれないという人もいた。遺跡を囲むようにして、隆起している丘の辺りにはたくさんの横穴墓があり、そこからは地方では珍しい細い金細工の糸も出土している。

地図を見てみると、この遺跡はとても良い場所にある。神戸川と斐伊川が一番近づく所である。神戸川をさかのぼって広島県へ

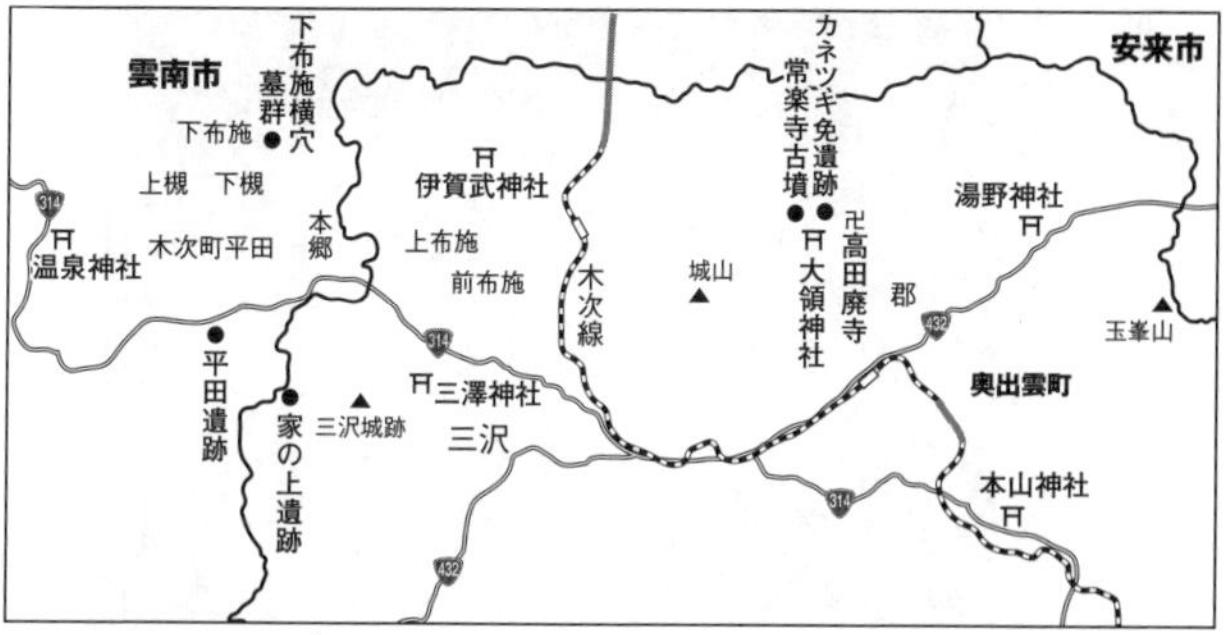

の流通も、斐伊川をさかのぼって岡山県、鳥取県への流通も可能な場所である。

『出雲国風土記』をみてみると「日置郷《へきのさと》。欽明《きんめい》天皇の頃に、日《へ》置《き》伴《のとも》部《べ》等が、派遣されてきて政治を行った所である」と記されている。もしかしたら、ここには日置郷の庁舎があったのかもしれない。地名の「半分」は「伴部」の転だという解釈もあった。

三瓶山の噴火後の出雲平野の四千年を思い浮かべてみるのも、楽しい。

家《いえ》の上《うえ》遺跡・平田《ひらた》遺跡・下《しも》布《ふ》施《せ》横穴《よこあな》墓群

「やっぱり、当たりましたね」。ある十二月の小雨模様の日、雲南市木次町の下布施横穴墓群の現地説明会に行った時のことで

平田遺跡（雲南市木次町、雲南市教育委員会提供）

ある。

説明役のSさんが、私が前に言っていたことを覚えていて下さって、私を見つけると、すぐ声をかけて下さった。前回Sさんが発掘調査なさった雲南市木次町の平田遺跡の説明会の時に「何となく思っていたことが、当たったわ」と、私が言ったからである。

何が当たったかというと、木次町のこの辺が、古代ではとても重要な場所であっただろうとそれまでに予想していたからである。その裏付けは『出雲国風土記』であり、『古事記』であった。

もっとも、その予想のヒントになった最初の遺跡は、木次町平田の「家《いえ》の上《うえ》遺跡」であった。そこには今でも豊かな湧水があり、しかも、祭祀遺跡を証拠づける遺物がたくさん出土した。まさに斐伊川中流域の、水辺の祭祀が行われた重要な場所である。その地は『出雲国風土記』の仁多郡三沢郷にあたり、「三沢郷」に載

下布施横穴墓群（雲南市木次町、雲南市教育委員会提供）

る「阿遅須伎高日子命《あぢすきたかひこのみこと》のみそぎの神話」をほうふつとさせる場所であった。阿遅須伎高日子命とは、鉄の神とも考えられている。それを傍証したと考えた遺跡が、平田遺跡だったのである。

平田遺跡とは、千七百年前の弥生時代末から古墳時代初めにかけての、鉄器工房跡で、矢鏃《やじり》、斧《おの》などが四十点ばかり見つかっている。調査の結果、出土鉄器の断面から、二―三世紀の朝鮮半島製の鉄の特徴を示す化合物も見つかっている。

阿遅須伎高日子命は『古事記』では、大国主命《おおくにぬしのみこと》と、九州の玄海灘の中心にある孤島・沖の島の多紀理比売《たきりひめ》との間にできた御子神とされている。朝鮮半島と沖の島は、目と鼻の先である。

下布施横穴墓群からは、山間部で出土するのは極めてまれとされる、金銀装飾の大刀が見つかったのである。古墳時代末期のものとされ、この地から鉄を納めた見返りとして、中央の権力者か

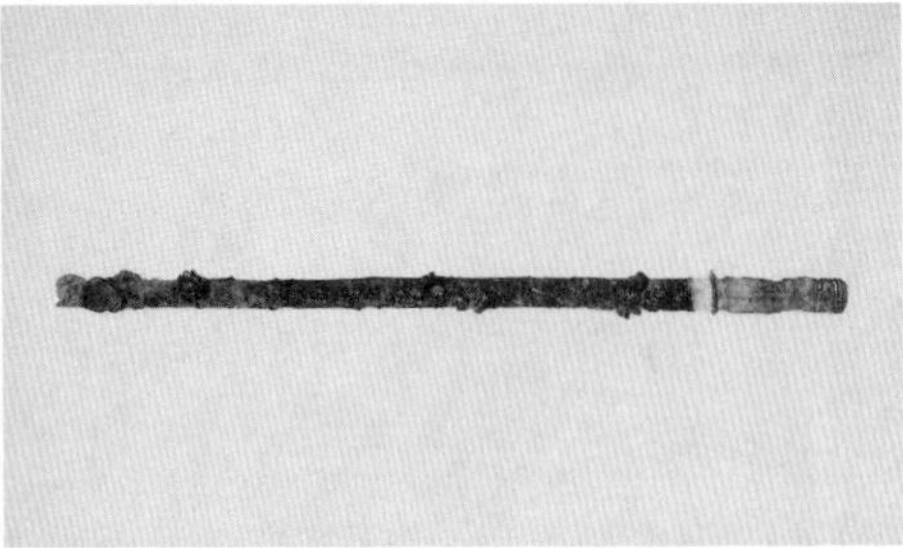

下布施横穴墓群出土金銀装大刀（雲南市木次町、雲南市教育委員会提供）

らこの地の権力者に贈られたと考えられている。

そういえば、この辺には『古事記』神話が多い。稲田姫とその父母、足名椎《あしなずち》・手名椎《てなずち》が住んでいたのが、木次町平田・湯村にまたがる万歳山《ばんざいさん》であり、八岐大蛇《やまたのおろち》が居たのが湯村の天ケ淵《あまがふち》である。下布施を越えた日登《ひのぼり》には、大蛇から逃れるために三人が登った伴《はん》昇峰《じょうがみね》がある。

これらの中心の地が槻屋《つきのや》で、備後の国へ抜ける阿井川と、伯耆《ほうき》の国へ抜ける久野《くの》川を結ぶ、古代遺跡の要地でもある。今も出雲では一、二を争うほどの神楽で有名な地でもある。

海沿いの七社

忠山（松江市長海町）の頂上から、千酌《ちくみ》湾・菅浦《すげうら》湾・玉結《たまえ》湾を

方結神社（松江市美保関町）

遠望した。各湾の中間にある巻ケ鼻・大崎鼻の形がくっきりと見え、湾の推定もできる。いつも思うことだが、これらの鼻は、船の航行上、目印として昔も今も重要なのだろう。

さて、野だての抹茶も飲み、素晴らしい遠望もし、身も心も満足して忠山を下った。道を北へ行くと、すぐに千酌に出た。その開けた辺りに、風土記時代には、駅家《うまや》（公共の渡船所）があったといわれる。野波へも抜けるし、菅浦へも抜けるし、昔から開けていた土地のようで、それらしい雰囲気をもっている。

海岸べりの小高い寺の上からみるとたぶん、奈良時代からの遺構と思われる条里制もうかがえる。

「千酌駅家《ちくみのうまや》。伊差奈枳命《いざなぎのみこと》の御子、都久豆美命《つくづみのみこと》　この所に坐《ま》せり」と『出雲国風土記』には書かれている。近くの爾佐《にさ》神社には、都久豆美命が祀られている。

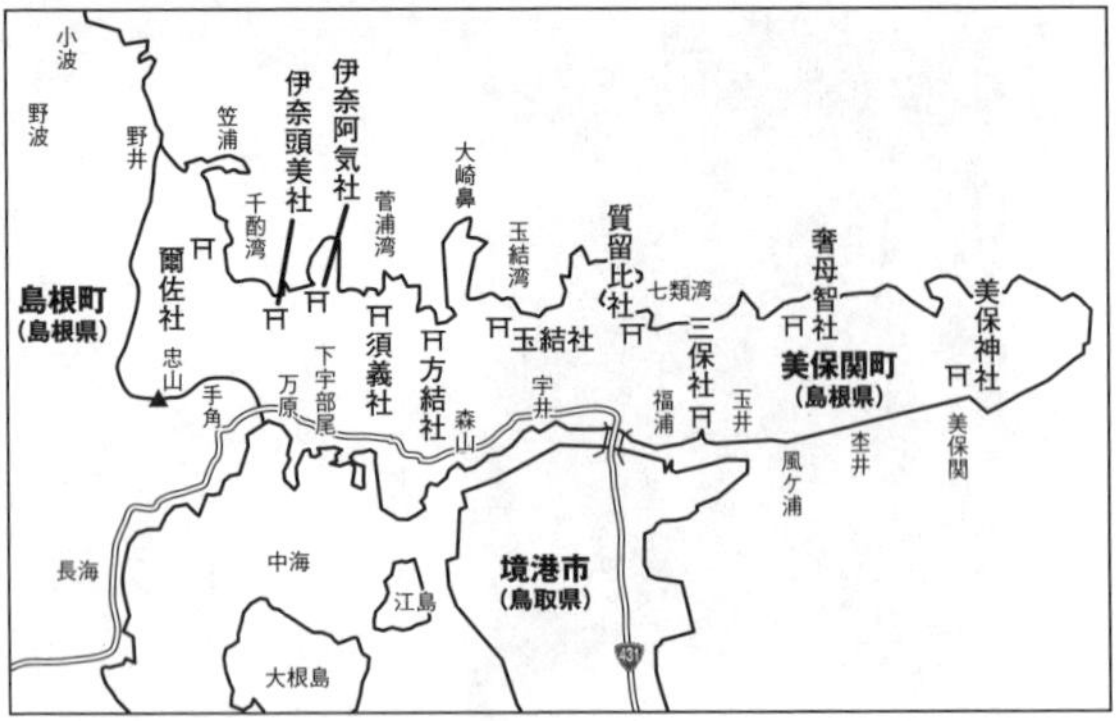

この神は一説によると、月の働きを神格化した神だともいわれている。今の暮らしの中で、月の働きを考えさせることは少なくなったが、昔の暮らしでは、太陽以上に大きな働きをしていたようだ。海の潮と月、これは切っても切れないものでもある。

「護岸工事をする前は、このような石がたくさんあったようです」。案内のOさんが指す方には、神社の下にはこの地特有の石があった。船をつなぎとめるのに適したような石だ。

「千酌浜。比《こ》はいはゆる、隠岐の国に渡る津《わたしば》なり」と『出雲国風土記』にも書かれている。

爾佐神社から東へは、海岸八キロにわたって、合計七社が祀られている。爾佐神社、伊奈頭美《いなずみ》神社、伊奈阿気《いなあげ》神社、須義《すが》神社、方結《かたえ》神社、玉結《たまえ》神社、質留比《しちるい》神社だ。

これほど狭い間隔で並んでいる地域も少ないと思われる。すべて『出雲国風土記』に記載される神社だ。それほどこの海に向かって開けた地が重要だったに違いない。

「業梨磯《なりしのいそ》の窟《いわや》」

今日は天気もいいし、日本海も見えるぞ……とうきうきしながらバスに乗り込んだ。

松江郷土史愛好会のお誘いを受けて、「業梨磯《なりしのいそ》の窟を学ぶ集い」に参加させていただいた。

今までずっと出雲市美保町唯浦の「穴口」に比定されていた『出雲国風土記』の「業梨磯」の比定地が、「長野里《ながのり》の穴」だという新しい見解なのである。

「業梨磯の窟」とされる洞窟（出雲市平田町）

「北の海浜に業梨磯の窟あり。裏《うち》は方一丈半、戸の高さ広さは各七尺あり。裏の南壁に穴あり。入ることを得ず。遠き近きを知らず」。

新見解を出された西尾良一氏は「ノリの遺称を伝える長野里洞窟の方が、大きさも開口方向も風土記の内容にほぼ等しい」と言われる。

実際、行ってみると、「裏一丈半」とあるように、穴の前庭部はたたみ十畳ほどの広さで、祭場にもふさわしい感じがする。「戸の高さ広さは各七尺」とあるように、祭場の向こうは霊域を示すかのように急に門戸形に狭くなっている。

場所は、出雲市三津町の海岸部で、美保町の唯浦までの二キロは、海の浸食による波食台（俗にいう鬼の洗濯岩）が形成されている。ここは対馬海流が直接洗う荒波で島根半島随一の良質な岩海苔の好漁場になっている。窟とは、そこに散在する海食洞窟である。

「この窟は何だねえ、どこから来ちょーかねー」地下足袋をはいた工事現場の人が、我々二十人がうろうろしているのを見とがめて尋ねられた。長野里穴は、道路建設のため危うく埋められそうになった窟だったようである。

『出雲国風土記』のことなどを説明すると、「ここは穴つり場といって、昔は穴の上からよう釣ったもんだということだよ」と教えて下さった。この辺りは真水と海水の合流点でもあり、魚の産卵場でもあり、波が荒くて海苔に最適でもあるといわれている。確かに、窟の中からホースでひいた水は、飲んでみるととてもおいしかった。

『出雲国風土記』では、ここは「御津嶋、紫菜生《のりお》へり。御津浜広さ三十八歩。能呂志《のろし》嶋、紫菜生へり。能呂志浜広さ八

御津嶋の紫菜場とされる（出雲市平田町）

歩」とある。これだけの御場の持ち主は現在も御津神社だという。十三集落がノリ島（洗濯岩のこと）を十三に分け、毎年交互に換えて、海苔を採るという。この浜もこの島も神のもの・みんなのものだと『出雲国風土記』は教えているようだ。

海の神は海苔を常食とし、「祝詞」は海苔を語源とするともいわれる。「但《ただ》、紫菜は、楯縫《たてぬい》郡尤も優れり」の『出雲国風土記』の記述は、業梨磯の窟の重要性、ひいては島根半島の的確な保存を示唆しているように思われる。

「栲衾《たくぶすま》志羅紀《しらぎ》」

「ああ、これ、これが倉吉の大御堂廃寺《おおみどうはいじ》の匙《さじ》と同じ匙だ」

私にとって年一回の大きな楽しみとなっている奈良の正倉院展

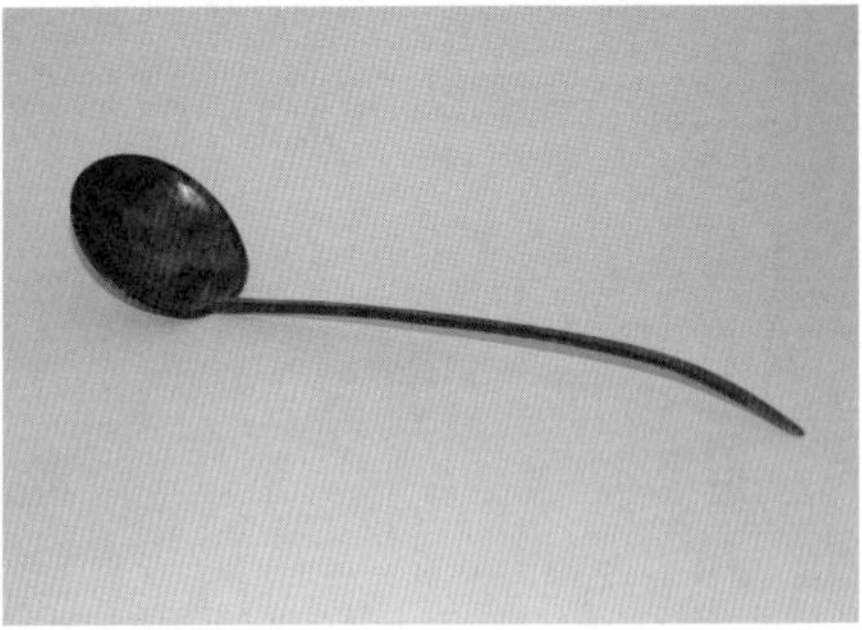

史跡 大御堂廃寺跡出土 佐波理匙（倉吉市教育委員会、倉吉博物館蔵）

で、思わず足をとめさせた佐波理《さはり》の匙である。

佐波理とは、銅八割、錫《すず》二割でできた金銅製のことで、この匙は、円形と木の葉形の二個で一組となっている。正倉院展では、十組が麻紐《あさひも》で編み連ねて展示されていた。打てば良い音もしそうだ。

鳥取県倉吉市の町の真ん中の広い紡績会社の跡地の発掘調査時に、正倉院と全く同じ匙が出土したのだ。

「韓国では今も使っているのですよ」と大御堂廃寺の説明役のNさんから、韓国土産の一組を見せられた。佐波理の匙のセットは奈良にも倉吉にも、古代に新羅の国からもたらされたのだろう。

「栲衾《たくぶすま》志羅紀《しらき》の三埼《みさき》を、国の余《あま》り有《あ》りやと見れば、国の余り有り」。『出雲国風土記』冒頭の「くにびき神話」の一節である。

海の向こうから土地を引いて来て、縫い付けて島根半島を出雲の国にした神話である。全編、縫ったり、縒《よ》ったり、織ったりす

中海にうかぶ大根島

るイメージがある。おまけに「栲《たく》」は「たえ」ともよみ、「楮《こうぞ》」「梶《かじ》」「苧《ちょ》」にも通じ、白い布のイメージももつ。

「衾」は一般に身近につける衣の意味で、夜具ともいわれる。「栲衾志羅紀」には、寒い夜にくるまる暖かい布団を伝来してくれる国、新羅のイメージがある。

『出雲国風土記』には、他にも「たく」という地が載っている。「多《た》宮《く》村」（出雲市多久町）「多《た》久《く》川」（松江市鹿島町講武川）「栲《たく》島」（松江市八束町大根島）――これらの地には、古代における渡来人との交易のにおいが感じられる。

朝鮮半島の南部の古墳には、内部の石室の様式や土器、あるいは赤色顔料の跡や副葬された馬具・埴輪に、日本の影響が見られるという。水運を利用した同一文化圏の形成があったと考えることができるのだろう。

「自毛埼《しものさき》」の栢《かや》の木

島根半島の漁師さんたちから「牛の首」と呼ばれている「自毛《しもの》埼《さき》」（『出雲国風土記』での記載名）の説明をみると、次のようである。「秋鹿と楯縫との二郡の堺なり。さがし。松、栢《かや》しげれり。時に即ちハヤブサの巣あり」。岬の説明としては詳しいし、個性的だ。特に「栢」が珍しいと思った。

『出雲国風土記』に記載されている樹木は、全部で二十二種あるが、その中で松、椿に次いで記載数が多いのが「栢」である。奈良時代に出雲の国では意宇・嶋根・秋鹿・楯縫・出雲・神門・飯石・仁多・大原の九郡に分けられているが、九郡の山野のすべてに記載されているのはこの「栢」の木だけである。

正福寺の栢の木（境港市上道町）

その上に、嶋根郡の御島《みしま》（現在の加賀浦の半島）と出雲郡の脳嶋《なずきしま》（今の大社町鷺浦湾の柏島）と自毛埼の三ヵ所にこの木が生育しているとも記載されている。

「栢」の木って、どんな木だろう。辞書を調べると「イチイ科の常緑高木。本州の宮城、山形以南、四国、九州、朝鮮半島南部の山地に生える。材は緻密《ちみつ》で腐りにくいので建築、器具、造船材とする。実は食用とし、また油をとる。葉は臭気があり、蚊やりとする」

縄文時代には弓となり、古墳時代には乗馬用の鐙《あぶみ》となったり、鎌倉時代には桧の代わりとして、仏像彫刻にもよく使われる。実からしぼった油は質がよく、食用にも灯油にもなっている。

「栢」の木がとても有益で多用されたことは分かるが、それではなぜ「カヤ」と呼ばれたのだろう。『出雲国風土記』に記載される神社の中に「阿太加夜社《あだかや》」「加夜社《かや》」がある。この二社を古代の朝鮮半島南部に存在した国「伽耶《かや》」と結び付ける説がある。

「伽耶」の国は朝鮮半島の中でも鉱山の豊富な所で、銅や鉄の精錬技術が早くから発達した所と言われている。精錬には急激な高温を必要とするが、時には灯油を加えたのだろう。島根半島の古浦から出土した六十体もの弥生の人骨は明らかに渡来系だとされている。「栢」と「伽耶」はどこかで結びついているように思われるのは考えすぎだろうか。

「熊《くま》野《の》山《やま》」の檀《まゆみ》の木

年末のこと、正月用の生花の材料として、ツルウメモドキとナンテンのどちらも二メートルはあるという立派なのを戴いた。その時、

「はい、これ!」と言ってもう一つ差し出された一メートルほどの小枝があった。

「かわいい」と思わず声をあげた。淡いピンクのガクの中から、紅色の実がのぞいている。「マユミだよ」。初めて目にした。

『出雲国風土記』の「熊野山」の項に「桧《ひのき》・檀《まゆみ》あり」と載っている。

檀を漢和辞典で調べると、「タン・ダン。木の名。まゆみ。材質は強くて堅い。皮は青く滑らか。車の輻や弓や紙などを作る」。その他、こけしや将棋のコマなど、さまざまな細工用に使われるらしい。

「檀木」を引くと「黒檀・白檀などの総名」とも載っている。中には栴檀《せんだん》も含まれると書かれ、果実はひびやあかぎれの薬、材は建築や家具材になるとされる。

檀の木（板垣旭氏撮影）

持ってきた人が「マユミは祖母が嫁ぐときに持ってきて植えたんだ」と言う。これも調べてみると、昔の民俗風習に次のようなことが載っている。

「昔、奥州で男が恋する女に会おうとするとき、その女の家の門に出かけて、立てた木。女に応じる意思があれば、それを取り入れる。応じなければ、男はさらに繰り返し、千本を限度として通ったという」

後拾遺集の能因法師の恋の歌。「錦木《にしきぎ》は、たてながらこそ朽ちにけれ、今日の細布、胸合はじとや」。まゆみ科はにしきぎ科の旧称でもある。

「盆栽にしても、花がつかんだけん……」。雄木が近くになければ、花はならない。

「山道や、花かと見えて　真弓の実」。床の間に正月の色どりとしては最高の風情である。『出雲国風土記』にただ一ヵ所しか載らない木である。が、昔の暮らしの中では、大きく役立ち、意味深い木だったようである。

「意宇郡《おうのこおり》」の「鴟鴞《づく》」は「悪鳥なり」

松江市秋鹿町のフォーゲルパークに行ってみた。美しい花々とその香り、色鮮やかなたくさんの鳥、展望台からの宍道湖全景と眼の前を飛ぶトンビなどに接していると、日ごろの雑事から解放され楽しくなってきた。

ちょうど、フクロウショーがあったのでのぞいてみた。司会の方が間近で羽を見せて下さる。「飛ぶとき、全く音がしないんですよ」。夜、活動するフクロウは、特に静寂の中で獲物を狩る必

フォーゲルパークのフクロウ（松江市大垣町）

要があるからだ。二枚羽根というのか、翼や尾に一ミリ程度の羽毛がびっしり密生し、飛翔するときに流れる空気を吸収するのである。フクロウはワシやタカと同じ猛禽《もうきん》類で、食物連鎖の高い位置にある。

「餌《え》付けには鶏肉を使います」。慣れたもので、司会の方の思う通りに動いてくれる。近くで見ていても、とてもかわいい。野生動物でネズミ、モグラ、魚、虫などを食べるので、農家ではフクロウの止まり木を畑の近くに作って、ネズミなどの退治活用にしたという。

ところが、『出雲国風土記』では「意宇郡」の「山野にある禽獣」として「鵂鶹《づく》。悪鳥なり」と記されている。なぜだろう。

知人が「フクロウのヒナの声は『ピジュー』とさわやかだけど、親鳥は怖いよ。頭の毛をむしり取られるよ」と言う。司会の方も

「ヘルメットをかぶっていないと、後から足で襲いかかるんですよ」と説明される。前足二本、後足二本で獲物《えもの》をしっかりつかみ、指には剛毛が生え、指裏には滑り止めがつき、獲物を絶対に逃がさぬようになっている。

子育てが四月から六月で、この間に巣に近寄ると、クマでも退散させる強い力を持っているという。

「この辺では、フクロウとコノハヅクが定住しています」と司会の方。古代出雲の国でも同じであったろう。冬眠しないフクロウは、九月から十一月まで必死に狩りをして、体に脂肪を蓄える。その時は家畜類も襲ったかもしれない。「意宇郡」にだけ載っているのは、人間とフクロウの棲み分けがうまくゆかないほどに、地域が開発されていたのかもしれない。

「一《ひと》たび濯《すす》げば、形容《かたち》きらきらしく」

小雨のぱらつく露天風呂に、ただ一人、身を沈めていると、かすかに見える森の上を、トンビが舞っていた。『出雲国風土記』でなぜ、この玉造温泉を「神の湯」というのだろう……。心地よく温まりながら、ふと考え始めていた。

『出雲国風土記』には温泉は三個所出てくるが、ここだけ「神の湯」と名付けられている。『伊予国風土記逸文《いよのくにふどきいつぶん》』には、道後温泉（愛媛県）の由来が載っている。「海の向こうの別府の温泉から、オオクニヌシノミコトがこの道後の地までひいていらっしゃった」と記されている。別府温泉（大分県）も、道後温泉も、オオクニヌシノミコトによって、できた温泉のように書かれている。

玉作湯神社（松江市玉湯町）

玉造温泉街の南端には、玉作湯神社がある。『出雲国風土記』に載る神社だ。御祭神はクシアカルタマノミコト（玉作りの神）、オオクニヌシノミコト、スクナヒコナノミコトだ。オオクニヌシノミコトは国造りをした神、スクナヒコナノミコトはその協力をした神で、国造り完成後、粟粒に乗ってポーンと海の向こうの常世の国にかえってしまう。鳥取県米子市彦名町の粟嶋《あわしま》神社にも祀られている。

別府温泉も道後温泉も玉造温泉もオオクニヌシノミコトに関係する温泉ということになる。西日本で、古来より名湯とされるのは特にこの三湯かもしれない。三湯を結ぶ地域は、神話の世界ではオオクニヌシノミコトの世界といえるだろう。三湯とも海にまたは入海に面した土地で、航海上でも重要な地である。

昔、海の向こうの韓国の儒城温泉で、韓国一大きいという銭湯

玉造温泉

に入ったことがある。言葉は通じなかったけれど、入浴方法は全く同じだったし、湯ぶねにつかる人々の顔を見ていると、次の一節を実感した。『出雲国風土記』の玉造温泉に由来する所に書かれている一節「一たび濯《すす》げば、形容《かたち》きらきらしくふたたび浴《ゆあみ》すれば万《よろず》の病ことごとに除こる」である。

玉造温泉が「神の湯」と名付けられるのは、出雲国の中心であることと、身も心も洗われるからだろう。

「神の湯」玉造《たまつくり》温泉

ある時、東京から直木賞作家のA先生、『少年ジャンプ』連載の漫画家B先生が、おしのびで出雲にいらっしゃった。八雲町の紙すき体験や、伯太町の登り窯で買物をなさった後は、玉造温泉で泊まられた。とにかくゆったりとしたいというわけである。

『出雲国風土記』には「神の湯」と記されている玉造温泉である。「一たび、濯《すす》げば、形容《かたち》きらきらしく、ふたたび浴《ゆあみ》すれば、万《よろず》の病、ことごとに除《のぞ》こる」と詠《うた》われている。これほどの御利益があれば、神の湯でないわけがない。ゆったりした上に、効果てきめんである。

玉造温泉（松江市玉湯町）

現在の旅館街の一番奥が、かつての湯元だったと標識が掲げられている。その奥には玉作湯神社がある。この界隈《かいわい》は江戸時代には松江藩の藩邸があった所でもある。お殿様も「いい湯だね」と骨休めをなさったことだろう。

玉作湯神社には「櫛明玉命《くしあかるたまのみこと》」も祀られている。社宝として、玉の半製品や砥石などがたくさん所蔵されている。また周辺の玉

玉作公園の玉作工房跡（松江市玉湯町）

作り工房跡の調査では、弥生時代までさかのぼることも確認され、国指定史跡ともなっている。三十棟近い工房跡が発見されている青めのうの有名な産地である。

原石は、硬めの河原石でほどよい大きさに割られ、筋砥石で勾《まが》玉《たま》の背の部分を磨き、内磨き石で、勾玉の腹の部分を磨き、最後に穴をあける。穴をどうやってあけたのだろう。弥生の終わりには鉄のキリがあったといわれるが、それまでは？　玉作資料館の館長にお聞きすると、石英岩や通称ざくろ石と呼ばれる金剛岩を砕いたものを砂として穴をあける部分につけると、それが研磨剤になるとのこと。その砂を使って、安山岩製の石針で穴をあけると、軟玉系の石なら子供の力でも穴があくとの話である。

勾玉というのは一種異様な形をしている。胎児を表すとも、月や動物の牙《きば》を示すともいわれる。勾玉以外では、出雲玉作りとし

湯村温泉（雲南市木次町）

て有名なのは管玉《くだたま》である。直径二ミリ・長さ一センチ、穴の大きさは一ミリというから高度な技術を要したと思われる。

管玉も勾玉も弥生時代になって現れた玉の形なので、もしかしたら、稲作技術とともに海を越えて伝来したものかもしれない。

そんなふうに考えると、昔の人の玉作りの智恵に驚くとともに、大きなロマンも感じられる。

弥生の玉作り技術は、出雲から能登、北陸へ、そして信濃へ、関東へと伝わったともいわれる。出雲は先進技術の地でもあり、都会の人々の癒《いや》しの地でもある。

海潮温泉と湯村温泉

雪模様の空を眺めていると温泉に行きたくなる。忙しい社長さ

湯村温泉。「夜、露天風呂に入る時は静かに願います」の掲示板あり。

んに「気分転換は何ですか」とお聞きすると、案外、「温泉です」という答えが多い。湯船にすっかり身を沈め、足を伸ばしていると、心身ともによみがえる心地がする。

『出雲国風土記』にも、温泉は三ヵ所載っている。「意宇郡《おうのこおり》・忌部神戸《いんべのかんべ》」に載るのは今の玉造温泉、「仁多郡・通道《かよいじ》」に載るのは湯村温泉、「大原郡・海潮郷《うしおのさと》」に載るのは海潮温泉である。最初の二つの温泉の説明は良く似ていて、次のように書かれている。

「一たび湯浴《ゆあ》みすれば、身体やわらぎ、再び濯《すす》げば、万《よろず》の病除《のぞ》こる」

玉造温泉は「神の湯」、湯村温泉は「薬湯」と名づけられている。が、海潮温泉には、効用の説明もなく「名を用いず」とあって、名前もない。

この海潮温泉の記載について考えてみたいと思う。ここは三カ

山王寺神楽（雲南市大東町、島根県古代文化センター所蔵）

所の中でもっとも古くから利用され、発展していた土地だったと考えられる。「名がない」のは『出雲国風土記』を記す時点においては、最古の湯で名を記す必要がなかったのかもしれない。

雲南市木次町の下布施横穴墓群の周辺を歩いてみて、興味をひかれたことがある。この遺跡は湯村温泉に近い。調べてみると、海潮と湯村には共通点が多いのである。

まず、二つの温泉の周辺には、神話がたくさん残されている。散策するにはとても面白い地で、神話の世界が現実のものとなる気がする。

次には神楽が盛んである。湯村には「槻屋《つきのや》神楽」、海潮には「山王寺《さんのうじ》神楽」が近くにあり、各々、県下でも有名で、今も脈々と伝承されている。

また、どちらも交通の要衝である。湯村周辺は槻屋を中心とし

槻屋神楽（雲南市木次町、島根県古代文化センター所蔵）

て、東は仁多へ、南は備後へ、斐伊川を下ると宍道湖岸の平野部へと行ける。海潮周辺は、南は仁多へ、東は意宇郡から伯耆へ、北は宍道湖岸へと行ける。

宍道湖岸へ出れば航路を使って遠くへも行ける。槻屋も山王寺も山頂のような地で、しかもかなり広大で平坦な丘陵地となっている。特に山王寺は他の地区より平均一ヵ月ほど日照時間が長いといわれ、作物も実りやすい。大山、三瓶山の両方が見えるという遠望の良い地でもある。

古代も温泉はたくさんあったであろうに、なぜこの三ヵ所のみなのか。政治的に見ても重要で、人々の利用が多かったのであろう。今も人々の憩いの地としてにぎわっている。

『出雲国風土記』ができて千三百年、しかし、温泉はそれ以上前から、二千年、三千年前から、人々の心をうるおし、身をよみがえらせている。

『出雲国風土記』を片手に諸国を巡り歩くことで、温泉に限らず、人々の再生の源に神々の存在を感じることができた。

後書き

皆さん、どうでしたか。

私は、出雲の海、山、そして他国を歩いてみて、あらためて出雲の神様の魅力を感じました。

『出雲国風土記』が百三十年の時空をこえて残っていて、よかったなあと思いました。この後、出雲を訪ねてみると、今まで以上に神様があちこちにたたずんでいらっしゃるのがみえるようです。

中国新聞社で連載した記事が、平成四年十二月に一冊の本となりました。『神々のくに、そのくにびと——古事記風土記の旅——』（現在電子書籍としても刊行）。

それから三年後、産経新聞島根版で「風土記見てある記」が平成八年十一月から平成十五年九月まで連載されました。内容は、気ままに、『出雲国風土記』『古事記』を片手に歩いて、調べて、まとめたものでした。

今度、二十年近く経て、これを一冊の本にすることができました。連載時のものに加筆修正をしております。

内容も視点毎に章立てをして、編集を致しました。自分でも視点が少しずつ、広く、深くなり、風土記の神々が身近にいらっしゃるように感じ始めました。

興味を持続できましたのは、まず出雲に生まれ育ち、神様に出あい、旅が好きだったこと、新聞社の方々をはじめ、周囲の方々にこの興味が一層他の地域と深くつながっていくように、指導協力戴いたお蔭と感謝申しあげます。

山川湖海、草木鳥獣、今も豊かに残る島根の自然、それにより醸し出される雪空風雨などの様々な刺激は、他国の神々の世界へも誘ってくれました。

まだまだ力不足・勉強不足は痛感しておりますが、出雲から全国各地への旅は、神様に導かれながら、古《いにし》え人の知恵と暮らしを求めながら、今後も続けていきたいと存じます。

どうぞ、変わりませずご指導ご支援を宜しくお願い致します。

著者紹介

川島芙美子（かわしま・ふみこ）
奈良女子大学文学部卒業。島根大学大学院修士修了。島根県立高校の教員を経て、現在「風土記を訪ねる会」「山陰万葉を歩く会」代表。著書に『神々のくに　そのくにびと』（中國新聞社）、『こども出雲国風土記』（山陰中央新報社）、『人麻呂さん　石見に生きて恋して』（山陰中央新報社）、『神々うたう雲國』（客山房）。共著に『山陰の神々―古社を訪ねて』（今井出版）『山陰の神々　神々と出会う旅』（今井出版）、『古代出雲を歩く』（山陰中央新報社）など。

出雲の神々に出会う旅
――能登・阿波、そして出雲見てある記

二〇一六年七月二五日印刷
二〇一六年七月二九日発行

著　者　川島 芙美子
発行者　田淵 康成
発　行　今井印刷株式会社
発　売　今井出版
印刷・製本　今井印刷株式会社